Heidi es una de nuestras h[...] estar allí cuando Dios la tocó poderosamente y entregó naciones en sus manos. Desde aquel momento ha cultivado con pasión su relación con Dios y su misión celestial. La historia de su vida transformará la suya.

—JOHN Y CAROL ARNOTT
PASTORES FUNDADORES, CATCH THE FIRE

Heidi me ha desafiado, me ha consolado y me ha inspirado con su vida, su ministerio y su amistad. Su último libro, *El nacimiento de lo milagroso*, es cautivante, personal y poderoso. Despertó viejos sueños en mí. Me infundió una nueva esperanza. ¡También me alentó a rendirme nuevamente y a obedecer sin reservas al amante de mi alma, Yeshua!

Este libro tiene la crudeza, las luchas personales, pero también el aliento de Dios que encontramos en el libro de los Salmos. También tiene la sabiduría práctica basada en el temor del Señor que encontramos en el libro de Proverbios. Lo recomiendo grandemente a una generación que quiere cambiar el mundo, tanto a los viejos como a los jóvenes. Lo inspirará a soñar, a correr riesgos y a mantenerse en el rumbo correcto hasta que la plenitud de los propósitos de Dios se haya cumplido en su vida. Este libro dará el poder a los líderes jóvenes para que comiencen su viaje en obediencia al llamado que han recibido con las perspectivas y las expectativas correctas, lo que les ahorrará años de decepción y frustración. También animará a los lectores más maduros a lanzarse otra vez a hacer proezas con la motivación de un amor nuevo, alimentado por la fe, sin importar el costo.

El llamado de Dios a mi vida para alcanzar al pueblo judío y a Israel llegó en un momento en que pensaba que mi llamado ya estaba claro y seguro. Esto sacudió mi zona de confort en lo teológico y el enfoque y la reputación de mi ministerio. El libro de Heidi me ha animado con la certeza de que esta es la manera en que Dios suele obrar, llevándonos constantemente más allá de nosotros mismos y de nuestra comprensión y habilidad natural. ¡Yo, por mi parte, seguiré el desafío de Heidi para llevar las promesas de Dios a su completo cumplimiento!

—TOD MCDOWELL
DIRECTOR EJECUTIVO, CALEB COMPANY
WWW.CALEBCOMPANY.ORG

En una ocasión escuché a Heidi predicar un poderoso mensaje llamado "Coma despacio". Estaba tratando el tema de compartir profundamente la rica presencia del Señor y su Palabra sin estar apurado. Cuando leí *El nacimiento de lo milagroso*, sentí el deseo de que todos lo leyeran y de que "comieran despacio", digiriendo cada bocado y permitiendo que el profundo mensaje lleno del Espíritu se hiciera carne en ellos. Lo animo a que lea el libro, a que coma despacio y a que luego vaya y sea usted mismo el mensaje. Después de todo, ¡uno es lo que come!

—PATRICIA KING
PRESIDENTA, XPMinistries
WWW.XPMEDIA.COM

Personalmente no conozco a ninguna otra persona que refleje la actitud de María como se describe en este libro de Heidi Baker. Ella es una de las pocas personas que podría escribir un libro como este. *El nacimiento de lo milagroso* es un asombroso libro lleno de historias que ilustran los principios a los que Heidi dirige poderosamente nuestra atención, un libro asombroso escrito por una misionera asombrosa, una erudita altamente respetada con un doctorado, que no solo sabe cómo interpretar adecuadamente la Palabra de Dios sino que también ha experimentado personalmente las verdades sobre las que escribe.

Este es un libro que edifica la fe. Es un libro práctico que indica la forma de llegar a la intimidad con Dios. Es un libro para las personas que aman las misiones. Es un libro para las personas que aman la presencia de Dios. Es un libro para las personas que aman conocer acerca del poder de Dios que obra milagros y sanidades.

Quiero animarlo para que este libro forme parte de su biblioteca y lo lea más de una vez. Personalmente he sido testigo del gran mover de Dios que se describe en este libro. He conocido personalmente a los muertos que fueron resucitados en Mozambique a través del ministerio de Rolland y Heidi. Fui testigo presencial de cómo se abrieron los oídos de los sordos mientras Heidi oraba por las personas sordas que estaban en la reunión aquella noche. He visto los ojos de los ciegos abrirse durante un servicio de adoración dominical normal. Sé que no fue Heidi quien levantó a los muertos, abrió los ojos de los ciegos e hizo que los sordos escucharan, sé que fue Dios. Pero estoy muy feliz de poder tener como amiga a alguien que tiene tal amistad con Jesús, a alguien que por su íntima relación con Él tiene el privilegio de ser su colaboradora y de dictar órdenes en su nombre porque escucha de Él lo que quiere que haga. Lea el libro y luego vaya a Mozambique para que ayude a socorrer no el lamento de Macedonia sino el de Mozambique.

—RANDY CLARK
FUNDADOR Y PRESIDENTE, GLOBAL AWAKENING
Y THE APOSTOLIC NETWORK OF GLOBAL AWAKENING

¿Cómo es posible que la vida de una sencilla joven de un pequeño pueblo llamado Nazaret haya impactado a miles de millones de personas positivamente a través de los siglos? Este libro revela de una forma clara y poderosa la actitud, el corazón y los principios que hacen posible que Dios usara a María de una forma tan poderosa.

¿Cómo es posible que una joven de Laguna Beach siguiera los pasos de María cuando escuchó a Dios, buscándolo con todo su corazón, atreviéndose a creer lo que Él le dijo y luego amándolo con una pasión innegable? Heidi Baker lo ha sacrificado todo para servir a Dios en los lugares más pobres y más desafiantes de la tierra, trayendo como resultado que decenas de miles de niños abandonados y rechazados reciban amor y cuidado en los centros Iris a lo largo de todo el mundo.

Hemos tenido el privilegio de llamar a Heidi y a su maravilloso y piadoso esposo, Rolland, nuestros amigos íntimos durante más de treinta años. Dios ha obrado poderosamente en mi propia vida y en las de otros, pero tengo a Heidi y a Rolland en la más alta estima por su determinación y dedicación a amar y a servir a esos millones que forman parte de "los más pequeños" en nuestro mundo.

¡Confío en que este libro inspirará y animará a los lectores a permitir que el Espíritu Santo los llene con su gracia y su llamado de modo que ellos también marquen la diferencia en la vida de multitudes en sus propias esferas de influencia en esta generación para la gloria de Dios!

—Mel Tari
Autora, *Como un viento recio*

Recuerdo una ocasión en la que estaba en un servicio en el que Heidi Baker estaba compartiendo acerca de la realidad de llevar la promesa. Nos invitó a los presentes a reflexionar en la vida de María, la madre de Jesús. Su mensaje me marcó profundamente.

Mientras leía las páginas de este libro, era como si escuchara a Heidi hablando otra vez palabras de verdad, de humildad, de resistencia y de promesas. Comencé a leer las preguntas difíciles: ¿Qué significó para esta joven decir que sí y llevar la promesa de Dios dentro de ella? ¿Cómo continuó María con su vida a pesar del escrutinio diario de los ojos de todos mientras miraban la promesa crecer dentro de su pequeño cuerpo? Heidi tiene tal don de la comunicación que puede escribir de una forma tan sencilla que un niño la puede entender y, sin embargo, en la misma oración puede revelar profundas verdades en las que un teólogo necesitaría reflexionar.

Con cada capítulo recuerdo otra vez que lo pequeño en mí es muy valioso. Mi pequeña vida es muy valiosa para Dios. Este libro es un oportuno mensaje de una vida rendida a su amado Rey, que invita al mundo a que haga lo mismo.

—Julie Meyer
Líder de adoración,
International House of Prayer

Nunca olvidaré la noche que me senté en una balsa junto a Heidi Baker, para llegar a un pueblo que quedaba en la ribera y que recién había escuchado el mensaje del evangelio por primera vez, con tan solo la luz de la luna guiando el camino. Los gritos de los niños se podían escuchar en la distancia, niños que habían conocido a Jesús en los últimos años gracias al sacrificio que Heidi y Rolland habían hecho para alcanzarlos con el amor de Dios. Este pueblo que nunca había escuchado de Jesús estaba ahora conformado por un cien por ciento de creyentes llenos del Espíritu.

Lo que vi me sobrecogió. La imagen de aquella pequeña señora rubia sentada en la tierra con niños en los brazos, leyendo pasajes de la Biblia, cantando canciones de adoración y orando por los enfermos, todo eso a la luz de la luna, me impactó profundamente.

La unción es un regalo de Dios, pero derramar esa unción tiene un precio. El ministerio tiene un precio. Llevar a cabo el llamado de Dios no siempre es fácil ni cómodo. En las páginas de este libro usted leerá la fascinante historia de una mujer y de su familia y del precio que tuvieron que pagar para responder al llamado de Dios y llevarlo a cabo. He estado en Mozambique, África, con Heidi y Rolland Baker. He visto sus vidas de primera mano. He visto el sacrificio y, en ocasiones, el profundo dolor que implica llevar a cabo un llamado de Dios. También he visto el glorioso fruto y la magnificencia de la gloria de Dios en medio de todo el sufrimiento mientras se paga el precio.

Su corazón y perspectiva con respecto a responder al llamado de Dios y a ver ese llamado totalmente manifestado será transformado por los inspiradores testimonios de una mujer que ha dedicado su vida a Jesús y a sus hijos. Usted aprenderá la realidad de lo que se necesita no solo para mostrar el corazón y la visión de Dios, sino para hacer realidad esa visión. Aprenderá acerca del gozo de la obediencia y descubrirá no solo la forma de recibir una visión de Dios sino la forma de hacerla realidad y de alimentarla hasta que alcance la madurez.

Recomiendo grandemente este libro a todos aquellos que se atrevan a descubrir verdaderamente lo que significa vivir un llamado y un destino en Dios. Heidi y Rolland Baker se han convertido en héroes de fe para mí. Los amo con todo mi corazón y sé que su vida, estimado lector, se transformará con cada página de este libro.

—MATT SORGER

AUTOR Y ANFITRIÓN DE TV, *PODER PARA VIVIR*

El NACIMIENTO de lo MILAGROSO

El NACIMIENTO *de lo* MILAGROSO

HEIDI BAKER

CASA
CREACIÓN

Visite la página web de la autora: www.irisglobal.org

Library of Congress Control Number: 2014931724
ISBN: 978-1-62136-470-2
E-book: 978-1-62136-475-7

Impreso en los Estados Unidos de América
14 15 16 17 18 * 5 4 3 2 1

Dedico este libro a mi asombrosa familia: Rolland, mi esposo, un hombre muy valiente y muy paciente; Crystalyn, nuestra hija, que está cumpliendo sus propias promesas gloriosas, junto con su esposo, Brock Human, a quien Dios ha escogido justo para ella; y Elisha, nuestro brillante hijo, quien es espiritualmente uno de los cristianos más profundos que conozco y que fue una tremenda ayuda para editar este libro. Quiero agradecer a una preciosa hija espiritual, la Dra. Jen Miskov, por la edición y por ser una gran inspiración para mí. Y mi agradecimiento especial para Laura Taranto, una de nuestras asombrosas ministras en Mozambique, quien estuvo conmigo noche tras noche cuando se iba la luz y la internet, sosteniéndose con chocolate y con el Espíritu Santo durante las últimas horas de nuestra tercera fecha tope, un minuto antes de la medianoche.

Dedico este libro también a todos los leales, rendidos y santos amantes de Dios que sirven en nuestra familia Iris Global en más de treinta países en todo el mundo. Y finalmente a Ania, una de mis mejores amigas, quien ha llevado conmigo este trabajo de parto de amor para dar a luz la promesa de este libro.

Contenido

PRÓLOGO

EL NACIMIENTO DE lo milagroso es un libro que pocas personas podrían escribir, o al menos escribirlo bien. Para que un libro como este sea sobresaliente, el autor necesita nutrirse de un estilo de vida sobrenatural que es raro no solo en los tiempos modernos sino en toda la historia de la iglesia. En el caso de esta autora ese estilo de vida es un reino de lo milagroso de proporciones bíblicas. Yo lo he visto de primera mano.

Mi amistad con Rolland y Heidi Baker comenzó hace dieciséis años. He sido testigo de cómo estos incondicionales amantes de Dios han penetrado en ámbitos de logros que muy pocos siquiera han soñado. Nunca olvidaré una de mis visitas a Mozambique, cuando dos ciegos lograron llegar al complejo de Iris Global en la ciudad de Pemba. Después de haber orado por ellos unos minutos, escuché a Heidi decirles: "¡Regresen mañana y podrán ver!". El siguiente día era domingo.

Cuando amaneció, el nivel de actividad incrementó notablemente a medida que muchas personas de la comunidad comenzaban a reunirse para celebrar la bondad de Dios en el servicio de adoración del domingo en la mañana. La adoración de este cuerpo de creyentes era apasionante y casi ilimitada. Era cualquier cosa menos un ritual o una rutina para expresar su amor por Dios.

Los ciegos vinieron como se les había dicho que

hicieran. Lo que hacía que su condición fuera única, en mi opinión, era que uno de ellos tenía los ojos blancos. No tenía pupilas, iris, ni ninguna otra cosa. Después de un breve tiempo de oración, ambos hombres pudieron ver, y el que tenía los ojos blancos obtuvo un par de ojos hermosos y nuevos color café. Ambos aceptaron con alegría y fe a Jesús aquel día y se unieron a la procesión de nuevos creyentes que caminaban por la calle hasta el océano, donde iban a ser bautizados. Era hermoso. Era perfecto.

Debido a que los Baker viven en una parte tan desesperada del mundo y debido a que buscan los casos más difíciles para mostrar en ellos el amor de Dios, experimentan bastante tragedia y sufrimiento. No conozco a nadie que haya enfrentado mayores desafíos en su fe que Rolland y Heidi Baker. Pero el gozo reina en sus vidas. He sido testigo de cómo las pérdidas desgarradoras han sido sobrepasadas por los sobrecogedores encuentros y victorias que solo pueden ser el resultado de la bondad de Dios.

Menciono esto porque es importante que el lector conozca que este libro no es el resultado de una buena reunión o de una experiencia positiva. Ni tampoco de una clase de teoría. Se ha forjado en el fuego de la adversidad, con muchas lágrimas. Pero a través de cada página vemos el evangelio del reino revelarse con la belleza y el poder que se encuentran en las Escrituras. Y en caso de que piense que esto es solo para personas superdotadas, es el ejército de niños que está bajo el cuidado del ministerio de los Baker quien mejor hace que ocurran milagros en una situación imposible.

Con estos antecedentes, puede que usted aprecie mejor las inestimables reflexiones y las valiosas claves que Heidi ofrece para que viva las promesas de Dios en su vida. Este libro le traerá aliento y sabiduría dondequiera que se encuentre en su viaje con Dios. A través de la historia de su propia vida, Heidi muestra la importancia de sostener una promesa de Dios hasta que esta se cumpla.

Durante años he sentido que María, la madre de Jesús, puede darnos una idea de cómo vivir en los últimos días, antes de que se produzca el alumbramiento del milagro en este mundo. Heidi hace justamente esto, de una manera brillante. Ella observa cómo María moldeó su corazón y su vida en medio de muchas circunstancias desafiantes.

Si, como María, usted está a la espera de recibir una promesa de Dios que parece imposible, está siendo objeto de las reacciones de aquellos que lo rodean, o está buscando sabiduría para algo nunca antes visto, este libro lo acercará más al Padre y le proporcionará herramientas extraordinarias para prosperar en su viaje.

Heidi resalta la clave central de mantener la intimidad como lo más importante de su viaje e invita a los lectores a que se rindan y se apasionen en su amor con Dios. Nos muestra que esta es la fórmula para no tener temor y para encontrar esperanza y perseverancia en los momentos más difíciles. Los he visto a ella y a Rolland vivir de esta forma durante años y estoy convencido de que esta es la raíz de su éxito en Dios.

El Señor le dijo a Heidi: "Solo cuando trabajen juntos verán la cosecha". Heidi explica el gozo y la fortaleza que hay en compartir con el cuerpo de Cristo para ver las promesas cumplidas y habla de su visión de las nuevas generaciones levantándose y corriendo hacia su destino, llevando promesas que van más allá de una generación para ver una multiplicación del amor de Dios en el mundo.

Este libro inspirará, animará y proporcionará gran claridad para esta nueva temporada en Dios.

—Bill Johnson
Pastor principal, iglesia Bethel, Redding, CA
Autor, *Hasta que el cielo invada la tierra*
y *Cara a cara con Dios*

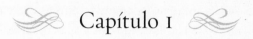

Capítulo 1

APRÓPIESE *de la* PROMESA

> *A los seis meses, Dios envió al ángel Gabriel a Nazaret,*
> *pueblo de Galilea, a visitar a una joven virgen comprometida*
> *para casarse con un hombre que se llamaba José, descendiente*
> *de David. La virgen se llamaba María. El ángel se acercó*
> *a ella y le dijo: —¡Te saludo, tú que has recibido el favor*
> *de Dios! El Señor está contigo. Ante estas palabras, María*
> *se perturbó, y se preguntaba qué podría significar este*
> *saludo. —No tengas miedo, María; Dios te ha concedido*
> *su favor —le dijo el ángel—. Quedarás encinta y darás*
> *a luz un hijo, y le pondrás por nombre Jesús. Él será un*
> *gran hombre, y lo llamarán Hijo del Altísimo. Dios el*
> *Señor le dará el trono de su padre David, y reinará sobre el*
> *pueblo de Jacob para siempre. Su reinado no tendrá fin.*
>
> —LUCAS 1:26–33

VIVO EN EL norte de Mozambique. Cada semana dedico tiempo para visitar pueblos del campo. Estoy familiarizada con la vida campesina sencilla en lugares sin energía eléctrica, sin agua potable y sin demasiado contacto con el mundo exterior.

A menudo pienso que María tiene que haber sido de un lugar no muy diferente a estas comunidades africanas.

Me pregunto qué estaría haciendo cuando el ángel se le apareció. Me la imagino ocupada en tareas ordinarias, trayendo agua del pozo, lavando sus ropas en una vasija de barro, friendo pescado en una fogata.

Pienso que aquel día no esperaba la visita angelical que cambiaría al mundo. ¿Cuál sería su reacción si un ángel se le apareciera para decirle que usted es "muy favorecido o favorecida"?

Yo he visto ángeles. He sentido la presencia del Señor derramarse sobre un lugar como un gran peso y hacer que todos caigan de rodillas. Creo que la mayoría de nosotros nos postraríamos con asombro y terror. Temblaríamos ante un Dios santo.

Así fue la respuesta de María. Se sintió algo más que preocupada. Se sintió aterrorizada. La Biblia nos dice que se sintió "perturbada". Personalmente no creo probable que en ese entonces ya estuviera capacitada de manera especial o que su vida espiritual fuera espectacular. Probablemente era una adolescente común que amaba a Dios con sencillez. Me imagino que era como muchas de nosotras hoy, una pequeña vasija de barro.

¿Qué joven adolescente sabría cómo responder si un ángel se apareciera en su habitación para decirle que quedará embarazada con el favor de Dios? ¿Qué haría? ¿Qué les diría a sus padres? "¡Mami, alégrate conmigo! ¡Un ángel vino y ahora estoy embarazada! ¡Oigan, hagamos una fiesta!".

¿Y qué hay con su enamorado? Le diría: "¡José, estoy ansiosa por contarte la noticia! ¡Estoy tan emocionada! ¡He hallado favor delante de Dios y voy a tener un bebé! No es tuyo, pero no te preocupes. Es un regalo maravilloso. ¡Alégrate conmigo, José!".

Todos pensamos que queremos una palabra de Dios pero

¿nos gustaría recibir una palabra así? Muchos de nosotros queremos milagros en nuestras vidas. El ejemplo de María nos enseña que a veces los milagros más espectaculares nos meterán en problemas igualmente espectaculares. El regalo de María tuvo serias consecuencias. Lo pudo esconder solo durante algún tiempo. Con el tiempo su promesa comenzó a mostrarse y tuvo que rendir cuentas por ella. Me pregunto si muchos le creyeron cuando les dijo que estaba embarazada porque el Espíritu Santo había venido sobre ella.

A veces las promesas de Dios son así: extrañas, inverosímiles e incluso locas. A menudo las grandes promesas darán lugar a malentendidos en aquellos que nos rodean, hasta llegar incluso al punto del rechazo.

¿Qué clase de favor es este?

Si deseamos el favor de Dios en nuestras vidas, debemos tener en cuenta cómo puede venir este. No siempre va a venir en forma de dinero, promociones y esas cosas. El favor de María fue el de una simple adolescente judía que de repente se dio cuenta de que estaba embarazada. Es muy probable que haya tenido que lidiar con los rumores, las críticas y el rechazo de su comunidad. Lo primero que tuvo que hacer fue alimentar, proteger y amar a la vida que estaba creciendo dentro de ella a pesar de mucho dolor y malentendidos.

Si Dios nos habla de una manera inusual, nos da una tarea extraña o nos dice que vayamos a un lugar inesperado, puede que vacilemos a la hora de contárselo a nuestros amigos y a la familia. Es natural que nos preocupemos por la manera en que las personas van a reaccionar. Imagínese por un momento como se sintió María cuando tuvo que decirle a su familia acerca de la visita que había recibido y de la maravillosa promesa de Dios que ahora estaba creciendo dentro de ella, no solo que todavía era virgen, sino que el bebé dentro de ella era el Hijo de Dios, el Mesías de Israel.

A veces nos preguntamos cómo vamos a explicarle a la gente cosas mucho más sencillas. No todo el mundo considera sabio el dejarlo todo para ir a sentarse con los destituidos en calles bombardeadas de países del tercer mundo. No todo el mundo entiende los ayunos de cuarenta días. No todo el mundo entiende que alguien vaya a predicar a Jesús en lugares donde podrían apedrearlo por hacerlo. No todo el mundo entiende que alguien dedique toda su vida a cuidar a las víctimas de la trata y la explotación sexual en la India o que alguien se someta a la disciplina de lugares tales como Harvard y Yale por amor al evangelio.

La verdad es que a veces nuestra familia y amigos no entenderán el destino que tenemos. Incluso si lo entienden, puede que suceda diez o veinte años después de que lo hayamos abrazado.

Cuando tenía dieciséis años el Espíritu del Señor vino sobre mí. Lo primero que sucedió fue que perdí a todos mis amigos. Cuando le conté a mi familia acerca del llamado que había recibido, no mostraron simpatía alguna. Estaban convencidos de que estaba metida en alguna clase de secta. Muy poco tiempo después tuve que abandonar a un hombre al que amaba con todo mi corazón. El Señor me dijo que él no era mi futuro esposo.

Algunos años después conocí al hombre con quien me casaría, Rolland. Cuando nos casamos después de un tiempo, enseguida partimos hacia el campo misionero. Teníamos solo pasajes de ida y treinta dólares a nuestro nombre. Desde entonces hemos estado ministrando a los pobres y quebrantados en Asia, Inglaterra y África, amándolos y trayéndolos al Reino uno a uno.

Pasaron muchos años antes de que mis padres conversaran conmigo acerca de lo que estaba haciendo con mi vida. Sin embargo, antes de que murieran, tuve la alegría increíble de guiarlos a ambos a Jesús. ¡Mi padre llegó a convertirse en un ministro ordenado a la edad de setenta y dos años! Cuando murió, mi madre vino conmigo a vivir en Mozambique durante muchos meses, para enseñar inglés a nuestros hijos y ayudar en el ministerio con gran alegría.

¡Dios restaura todas las cosas!

"¡Dios me está dando una ciudad!"

Cuando tenía dieciocho años asistí a una reunión en la Universidad del Sur de California, actualmente la Universidad Vanguard, que enfocó mi vida todavía más intensamente.

Recuerdo que me inquieté y me molesté con el conferencista de aquella reunión porque lo que estaba diciendo parecía muy arrogante. La única razón por la que continué escuchando era porque yo formaba parte del equipo ministerial que lo había invitado. Tenía que permanecer en la primera fila. Pero decía cosas que para mí no tenían sentido. Eran demasiado increíbles, demasiado asombrosas. El hombre se paró allí y dijo que Dios le había dicho que le daría una ciudad. Lo dijo en dos ocasiones: "¡Dios me dijo que me dará una ciudad!".

Mientras pensaba en lo arrogante que era, de repente vi dos ángeles, uno a su lado izquierdo y otro a su lado derecho. Entonces, justo detrás de él, vi al propio Jesús. Estaba brillante y resplandeciente.

Fue una visión abierta. Yo estaba totalmente despierta, todavía era capaz de ver las cosas ordinarias y las personas que me rodeaban. Jesús apuntó directo a mí y me dijo: "Escúchalo. ¡Está diciendo la verdad!".

No pude asistir a clases después de eso. Me arrastré desde aquella primera fila hasta llegar a una pequeña habitación de oración al fondo de la capilla y adoré a Dios desde lo profundo de mi alma aquel día. Llorando, le dije a Dios que si era verdad, quería que me diera una nación.

Me parecía que si Dios podía darle a alguien una ciudad, también podía darle a alguien una nación. Aquel encuentro me cambió para siempre.

Una conferencia de un millón de dólares

Casi veinte años después Randy Clark puso sus manos sobre mí durante una conferencia de Christian Fellowship (actualmente Catch the Fire) en el aeropuerto de Toronto y me dijo: "Dios quiere saber: ¿quieres la nación de Mozambique?".

Mi esposo Rolland y yo habíamos ido a este avivamiento en Canadá porque teníamos una gran sed y hambre de Dios. Ir allí era especialmente costoso para nosotros porque otra gran iglesia nos había dicho que si regresábamos a Toronto perderíamos el millón de dólares que nos habían prometido para construir un nuevo centro infantil para nosotros. Esta iglesia en particular tenía muchas objeciones teológicas con respecto a lo que estaba sucediendo en Toronto. No querían asociarse con este ministerio en ninguna manera, ni siquiera indirectamente a través de nosotros.

Necesitábamos el dinero desesperadamente. Hacía poco habíamos perdido prácticamente todo lo que teníamos en África cuando funcionarios del gobierno local apalearon a nuestros niños y derribaron nuestra primera propiedad y el centro de niños en un fin de semana. Nuestra familia, nuestro personal y trescientos veinte niños se habían quedado sin hogar.

Esta iglesia quería que nosotros firmáramos una carta prometiendo que nunca regresaríamos a las iglesias en avivamiento en Toronto o en Pensacola o que, de lo contrario, abandonáramos cualquier expectativa de recibir el dinero que nos habían ofrecido.

A pesar de que estábamos en gran necesidad, aquella no fue una decisión difícil para nosotros. Queríamos más de la presencia de Dios a cualquier costo. A pesar de eso, sentimos profundamente el precio de asistir a la siguiente conferencia en Toronto, ¡la entrada nos costaría un millón de dólares!

El pastor que no nos quiso dar el dinero siguió siendo muy querido para nosotros y continuamos honrando su ministerio. Con el tiempo nos reconciliamos con él, pero en aquel momento simplemente no comprendía muchas de las manifestaciones que tuvieron lugar en Toronto mientras el Espíritu Santo tocaba a las personas.

En la conferencia Randy Clark predicó con gran fuego y convicción acerca de la unción, del poder y del destino que Dios quiere liberar sobre nosotros. En medio de su mensaje, comencé a sentir tal desesperación por Dios que no pude evitar responder. No había hecho ningún llamado al altar, ni siquiera había hecho una pausa en el mensaje pero, frente a miles de personas, sentí la necesidad imperiosa de correr hacia el altar. Me arrodillé allí, alcé las manos y comencé a gritar.

Incluso yo misma me preguntaba qué estaba haciendo. No podía creer que estuviera actuando tan desmedidamente. En lo natural, nunca me comportaría así, pero el

Espíritu Santo me había consumido con tal anhelo por su presencia que ya no me importaba lo que los demás pensaran.

Randy dejó de predicar. Colocó las manos sobre mí y dijo:

—Dios quiere saber: ¿quieres la nación de Mozambique?

—¡Sí! con todas mis fuerzas —grité yo.

—Los ciegos verán, los sordos oirán, los cojos caminarán, los muertos resucitarán y los pobres escucharán las buenas noticias —continuó él.

El poder de Dios me golpeó como un rayo. Vibraba y gritaba. Verdaderamente pensé que iba a morir. La impresión que sentí de parte de Dios fue: "Muy bien. Quiero que mueras".

Creo que Dios quiere que muramos, pero no quiere que nos quedemos muertos. Quiere que muramos para que podamos resucitar en el poder de su gloria. Quiere darnos una nueva vida que ya no sea nuestra sino que la entreguemos totalmente a Él.

Recuerdo el grito de "¡sí!" que pasó directamente de mi corazón hacia el de Dios. No lo pensé. Si lo hubiera pensado, probablemente habría dicho "¡no!".

Durante siete días y siete noches después de aquello sentí la presencia y el poder de Dios tan intensamente que estuve incapacitada. No podía caminar, hablar ni moverme. El Espíritu Santo le tuvo que decir a las personas que me dieran de beber agua de vez en cuando. Tenían que llevarme al baño.

Muchas personas se rieron. Todo aquello les parecía gracioso. Pero para mí no tuvo nada de gracioso. Fue un tiempo poderoso y santo.

Después de esa impartición regresamos a Mozambique.

Durante el siguiente año nuestras circunstancias se

volvieron más desafiantes que nunca. Rolland y nuestra hija tuvieron fuertes ataques de malaria. A mí me diagnosticaron esclerosis múltiple. Nuestra situación financiera empeoró todavía más. Nuestros niños mozambiqueños estaban viviendo en tiendas de campaña con lombrices y ratas que les mordían los dedos de noche.

Continué creyendo en la palabra que me había sido dada. Durante todo aquel año oré para que Dios sanara a todos los ciegos que conocía en Mozambique. Todos conocieron a Jesús, pero ninguno de ellos recobró la vista.

Entonces, luego de un año, Dios abrió los cielos. La palabra comenzó a hacerse realidad. Los ciegos empezaron a ver. Los sordos empezaron a escuchar. Los paralíticos empezaron a caminar. Tres de nuestros cuatro pastores mozambiqueños resucitaron muertos. El crecimiento de la iglesia fue explosivo. Desde entonces nuestra historia ha estado llena hasta el tope de sucesos maravillosos.

En el momento en que llegó aquella palabra profética habíamos plantado una iglesia en Hong Kong, una en Inglaterra y dos en Mozambique. Ese era el fruto visible que teníamos luego de muchos años de ministerio. Teníamos dos iglesias pequeñas en Mozambique y eso era con la asistencia obligatoria de los niños del centro, pues tenían que asistir a la iglesia antes de ir a almorzar los domingos. Nuestra segunda iglesia se reunía en un basurero.

Desde aquella época nuestro movimiento ha visto más de diez mil iglesias plantadas en y alrededor de Mozambique. La obra se ha expandido a más de treinta naciones alrededor del mundo. Unas pocas miles de estas iglesias están en la provincia de Cabo Delgado, bien al norte de Mozambique, nuestro hogar adoptivo y el hogar de las tribus Makua y Makonde, los que anteriormente eran el grupo de personas más numeroso que no había sido alcanzado en África suroriental.

Cuando el Señor me habló acerca de su deseo de que toda la nación de Mozambique lo conociera, me pareció extraño que necesitara mi ayuda. Habíamos experimentado un éxito limitado en el ministerio, según los estándares del mundo. Habíamos visto unos pocos milagros, pero al compararlos con la promesa, esta parecía demasiado inmensa como para contemplarla. Me parecía tan extraña como debió haberle parecido a María la palabra de Dios que recibió.

Sé que soy simplemente una persona insignificante en el gran cuadro del propósito glorioso de Dios para Mozambique. Soy una pequeña mamá ministrando en la tierra. Pero creo que si Dios puede usar a un burro, también puede usarme a mí. Quiero ser un catalizador de la gloria de Dios. Quiero creer que Dios puede hacer que su amor y su gloria brillen a través de mi vida rendida y también a través de usted cuando le rinde su vida. Sin importar cuán imposible parezca una promesa de Dios, podemos responder como lo hizo María, con un grito rendido de "¡sí!".

Hasta el más pequeño sí es importante para Dios.

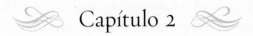

Capítulo 2

¡SIMPLEMENTE DIGA SÍ!

> —Aquí tienes a la sierva del Señor —contestó María—. Que
> él haga conmigo como me has dicho. Con esto, el ángel la dejó.
>
> —LUCAS 1:38

DECIR SÍ A las promesas de Dios puede ser costoso.
María sabía que tendría que pagar un precio.
Personalmente creo que pudo haber dicho que no.
Pudo haber dicho algo como: "Eres asombroso. Eres hermoso. Pero me estás asustando. Por favor. Soy virgen. No quiero esto. Busca a otra persona". Pudo haberse sentido abrumada con el posible futuro de vergüenza, de ridiculez o tal vez de perder a su prometido.

Muchos de nosotros respondemos a las palabras de Dios con esta clase de temores. Cuando la presencia de Dios se manifiesta puede que nos embargue una emoción profunda y que recibamos nobles promesas pero, ¿qué pasa después?

Después de que el Espíritu Santo vino sobre María, su vida cambió para siempre. Hubo dificultades que sufrió de por vida y que tuvo que aceptar. Y creo que el Señor todavía está buscando a aquellos que están dispuestos a pagar todo el precio que implica hacer realidad sus promesas. Está buscando una iglesia, un pueblo, adoradores a los que no les importe el rechazo, a los que no les interese que los estiren o que los halen o que les vengan inconvenientes, que permitan que el Señor tome todo lo que hay en ellos.

Estar embarazada implica un gran peso y muchos malestares e incomodidades. ¿Qué hará usted cuando el hecho de llevar las promesas de Dios traiga como consecuencia muchas incomodidades? ¿Dirá: "¡Por favor Señor, llévate la promesa! Ya no puedo seguir haciéndolo. Es demasiado difícil. No puedo caminar por este camino. ¡Es demasiado pesado! Dale mi destino a otra persona"?

¿O resistirá, incluso en medio de todos los cambios radicales que produzca la promesa, incluso si estira y hala todo lo que hay en usted para darle una nueva forma?

Las personas en el mundo a veces abortan a sus bebés porque no quieren hacer los sacrificios que implican los hijos. Estos sacrificios podrían parecer una incomodidad demasiado grande. El precio parece demasiado elevado. La iglesia a veces ha hecho lo mismo con las promesas, las profecías y las cosas asombrosas de Dios. Hemos dicho sí en adoración cuando estábamos conmovidos pero luego abortamos lo que Dios nos pidió que lleváramos cuando las cosas empezaron a ponerse difíciles o las incomodidades comenzaron a aparecer.

¡A Dios no le gusta el aborto! Le quebranta el corazón porque si hubiéramos llevado a término lo que él puso dentro de nosotros, sus hijos e hijas perdidas, aquellos que él había planificado alcanzar a través de nuestras vidas rendidas, habrían regresado a casa. A Dios le encanta sacar a las personas de la oscuridad. Le encanta traer de vuelta a los perdidos y a los moribundos y a los enfermos y a los quebrantados.

El Señor está buscando a aquellos que están tan enamorados de Él que dirán sí cuando estén conmovidos y todavía dirán sí cuando se requiera un gran sacrificio.

Creo que a María, cuando el Espíritu Santo vino sobre ella, la envolvió el amor de Dios y pudo decir: "A pesar de que esto me causará un dolor increíble, a pesar de que esto hará que mi reputación se arruine totalmente, a pesar de que puede que mi prometido no comprenda, a pesar de que mi familia pueda repudiarme, llevaré tus promesas a término, Dios. Soportaré el rechazo porque te amo. Llevaré todo lo que coloques dentro de mí por amor.

¿Cuál fue la respuesta de María ante una promesa aparentemente imposible? *La sumisión.*

El Señor usará a cualquiera que responda ante su llamado como lo hizo María, cuando dijo: "Hágase conmigo conforme a tu voluntad". Usará a cualquiera que tenga un corazón dispuesto. Y creo que a través de la intimidad con Dios, podemos encontrar un lugar de amor rendido en el cual desaparecen todos los temores, un lugar en el que estamos dispuestos a hacer cualquier cosa e ir a cualquier lugar por amor.

Ese lugar es la única razón por la que voy donde voy. Voy por amor. Estoy completamente enamorada de Dios. Sin su amor no soy nada. Soy alguien que simplemente le dijo al Señor que se hiciera en mí conforme a su voluntad. Cada mañana cuando me levanto, lo primero que pido es que el Espíritu Santo me posea. Oro eso todo el tiempo. Quiero estar totalmente poseída. No sé cómo hacer oraciones complicadas. Simplemente digo: "¡Poséeme, Espíritu Santo! Permíteme hoy amar como Jesús. Permíteme ser su fragancia. Permíteme ser su vida. Permíteme llevar en este día lo que has puesto dentro de mí. Te amo, Espíritu Santo. Te amo, Jesús. ¡Te amo, Papito Dios!"

Amar a Jesús a cualquier precio

Me he sentido inundada por el Señor muchas veces en mi vida. La primera vez fue cuando tenía dieciséis años. Conocí a Jesús en una reserva indígena en la parte central de Mississippi, en una iglesia bautista. La noche siguiente recibí el bautismo del maravilloso Espíritu Santo en una iglesia pentecostal de santidad.

Cinco meses después estaba adorando al Único que merece toda la gloria. El Espíritu Santo vino y otra vez me inundó. Durante la adoración la brillante luz de Dios se acercó y tuve una visión. Dejé de escuchar el sermón y todo lo que me rodeaba. Había mucho ruido en la iglesia, pero cuando sentí al Señor descender sobre mí, todos los sonidos se apagaron. Me congelé con las manos en el aire y luego escuché la voz audible de Dios por primera y única vez en mi vida hasta ahora.

Parecía que Jesús me estaba hablando y me besaba el dedo anular de la mano izquierda, mientras el aceite se derramaba por mi brazo. Lo escuché decir: "Te casarás conmigo. Te he llamado para ser una ministra y una misionera en África, Asia e Inglaterra".

Permanecí inmóvil en la misma posición durante tres horas completas, arrodillada delante del Señor sin moverme, perdida en la visión.

Aquel día descubrí una nueva parte de mi destino.

Después de que la sobrecogedora presencia de Dios se levantó, me desmoroné. Reí y lloré. He ida tras esa visión con todo mi ser desde hace más de tres décadas. No he hecho nada más. Avancé en obediencia al llamado de Jesús porque me inundó con su amor. Aquella visitación me impactó tanto que le dije y le digo a Jesús que no me importa el precio.

Soporté el rechazo que implicaba ser miembro de una iglesia pentecostal de santidad mientras vivía en Laguna Beach, California. Durante años no usé pantalones ni me corté el cabello porque pensaba que no era santo. En aquel momento no sabía que no tenía que hacer esos sacrificios para ser santa, pero así me enseñaron y los hacía. Estaba deseosa de llevar la promesa sin importar lo que me costara. Aquella gente hermosa y maravillosa de la iglesia pentecostal de santidad me enseñó a soportar con gozo el rechazo a causa del evangelio y a pagar el precio. Por siempre les estaré agradecida porque me enseñaron a amar a Jesús a cualquier precio.

Cuando sentí que el Señor me inundó, plantó una promesa dentro de mí. Aquel día algo comenzó a crecer en mi interior, un llamado y un ministerio. A pesar de que me tomó casi veinte años llegar a África, al siguiente día después de la visión comencé a caminar en mi destino.

Cuando Dios me llamó a ser una ministra, nunca había visto a una mujer predicar. No sabía que podían hacerlo. Fui bautizada y confirmada en una iglesia formal en la que no había mujeres ministras. Nunca había visto ni había escuchado acerca de mujeres que predicaban. Pero había escuchado de la boca del Señor que iba a ministrar, de modo que a partir del día siguiente comencé a hablarle a todo el que quisiera escuchar.

No esperé a que alguien me invitara a hablar en una iglesia o en una conferencia. En aquel entonces nadie invitaba a chicas de dieciséis años a cosas como esas, así que me dediqué a ministrarles a pacientes con Alzheimer. Ellos no se acordaban de que yo había venido y no sabían cuándo me iba. No miraban el reloj. Podía ministrarles tanto tiempo como me sintiera guiada.

También ministré a drogadictos. Me sentaba con ellos y

les compartía el evangelio mientras estaban con la mente en otra parte. Le pedí a Dios que me permitiera derramar su amor en ellos. A pesar de que me habían dicho que las mujeres no predicaban, nadie trató de decirme que no podía amar y hablarle a los drogadictos.

Fui a la oscuridad y llevé la luz que Dios había puesto dentro de mí. Busqué lugares donde había personas tristes, quebrantadas, enfermas, moribundas y desesperadas. He estado haciendo eso durante más de treinta y siete años. Esos son todavía mis lugares favoritos. Me he dado cuenta de que los quebrantados y los moribundos siempre están hambrientos. Siempre están desesperados. Saben que tienen necesidad.

> Dichosos los pobres en espíritu, porque el reino de
> los cielos les pertenece.
> —MATEO 5:3

Algunos de ustedes han tenido una palabra profética durante años pero nunca han caminado en ella porque parece demasiado costosa, demasiado absurda o demasiado imposible. Tal vez no sienta que está lo suficientemente preparado, o tal vez tiene miedo de que alguien sepa lo que usted cree que Dios le ha dicho, porque luego puede que lo hagan responsable de actuar en nombre de Dios. Tal vez sus promesas vinieron con un estigma social tan serio que no está seguro de que realmente quiera llevarlas.

Puede que haya un alto precio para lo que Dios ha colocado dentro de usted, pero si lo quiere a Él, decidirá pagarlo. Puede que usted sea una cesta llena de promesas pero, ¿qué va a hacer con ellas? ¿Soportará el posible rechazo y llevará a término aquello que Dios ha puesto dentro de usted? Es fácil escuchar una gran palabra profética, pero a menudo es costoso y desafiante traerla a la luz.

Dios nos ha predestinado a cada uno de nosotros para que llevemos fruto. (Vea Juan 15.) Necesitamos estar familiarizados con un lugar de intimidad divina en donde nos consuma de tal manera el Espíritu Santo que alimentemos y protejamos la semilla que ha puesto dentro de nosotros. Necesitamos avanzar sin temor y activar sus promesas. Es la intimidad lo que nos da la gracia y la fortaleza que necesitamos para avanzar a pesar del sufrimiento, del dolor y de la incomodidad.

Cuando llegué a Laguna Beach después de mi encuentro en la reserva indígena, tenía la semilla de la promesa de Dios dentro de mí. Todos los amigos que tenía, incluyendo a mi propia familia, pensaron que estaba loca. Parecía que había perdido a todas las personas cercanas, pero avancé en busca de la presencia de Dios. Le dije a Jesús que a pesar de todo confiaría en Él y que continuaría recibiendo su amor y dándolo a otros.

Dios está buscando personas que le den la bienvenida a su presencia para que se mueva sobre ellos con libertad. Cuando la presencia del Señor se mueve sobre usted, su vida será cada vez más fructífera. Es algo inevitable. El fruto siempre sigue a la intimidad y Dios nos está llamado a llevar mucho fruto. Nos está llamando a ser personas que estemos absolutamente cautivadas por la belleza de Jesús, casadas con Él, enamoradas de Él, desesperadas por Él, asombradas por Él, apartadas para Él, totalmente entregadas a Él y rendidas a Él en cada área de nuestra vida.

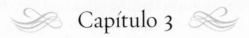

Capítulo 3

El LUGAR SECRETO

> En cuanto Moisés entraba en ella, la columna de nube
> descendía y tapaba la entrada, mientras el Señor hablaba con
> Moisés. Y hablaba el Señor con Moisés cara a cara, como
> quien habla con un amigo... —Yo mismo iré contigo y te daré
> descanso —respondió el Señor. —O vas con todos nosotros
> —replicó Moisés—, o mejor no nos hagas salir de aquí.
>
> —ÉXODO 33:9, 11, 14–15

MOISÉS CONOCÍA LA importancia de morar en la presencia de Dios. Anhelaba pasar tiempo en el lugar secreto. Tenía tanta hambre de estar en la presencia de Dios que no continuaría avanzando sin Él. Le dijo a Dios: "Si no vienes con nosotros, ¿cómo vamos a saber, tu pueblo y yo, que contamos con tu favor? ¿En qué seríamos diferentes de los demás pueblos de la tierra?" (Éxodo 33:16). Josué también conocía la importancia de habitar con Dios en el lugar secreto. Vemos que cuando Moisés regresó al campamento israelita después que Dios había hablado con él "como un hombre habla con su amigo", Josué no salió de la tienda. Permaneció en la presencia de Dios (v. 11).

También debemos darnos cuenta de que desarrollar una vida en la presencia de Dios por encima de todo lo demás es la única forma de cumplir los destinos que Dios nos ha dado. Las claves para nuestro llamado se liberan cuando pasamos tiempo allí. Siempre debemos correr a Él en el lugar secreto para encontrar la verdadera fuente de vida.

Lo que es más, cuando pasamos tiempo en el lugar secreto, nuestra pasión y hambre por Jesús crece. Es solo cuando habitamos en su presencia que los tesoros más preciosos pueden nacer. ¡Esto es mucho mejor que trabajar! Se logra más pasando tiempo en la presencia de Dios que haciendo cualquier otra cosa.

No hay atajos para llegar a la unción. Si queremos caminar plenamente en el llamado que el Señor ha colocado en nuestra vida, tenemos que pasar tiempo con Él, cultivando la intimidad en el lugar secreto.

El secreto de la sostenibilidad

Hay un tiempo para estar sumergidos en la presencia de Dios y un tiempo para trabajar. Es importante saber la diferencia. Todos necesitamos trabajar. Sin embargo, cuando Dios comienza a inundarnos, es importante reconocer que es tiempo de dejar de trabajar y entrar en su gloriosa presencia.

Trabajo muy duro. Soy una persona muy responsable. Pero hay momentos en los que Dios me atrae hacia Él todavía más y me pide que me aparte del resto de las actividades y pase tiempo a solas con Él. Tengo que responder. Tengo que dejar todo lo demás. Quiero acercarme tanto a Dios que quede escondida en Él. Continuamente tengo hambre y sed de su Espíritu. No tengo apetito de nada más que no sea Él. La única cosa que verdaderamente me satisface es estar en su presencia y es esa atracción hacia él lo que me lleva a una actitud de rendición. En la rendición santa encuentro toda la fortaleza que necesito para correr la carrera.

De hecho, no sé cómo correr la carrera sin esa atracción a él. Sin el romance no puedo ser una ministra. Lo he intentado, pero no puedo hacerlo. Ni siquiera quiero hacerlo. Pero si estoy enamorada, correré dieciocho horas al día. Correré tras Él con todo lo que hay en mí y estaré descansada, a pesar de estar corriendo.

En esta vida corremos hasta agotarnos haciendo más y más cosas para Dios sin nunca entender lo que Él realmente quiere de nosotros. Dios anhela incrementar nuestro apetito por Él. Si comemos y bebemos de Él, nos llevará a una relación que nos transformará a su semejanza. Comenzaremos a comer y a beber de Jesús tan profundamente cada día que ya no nos cansaremos ni nos agotaremos mientras corremos la carrera. Aprenderemos a simplemente vivir en el lugar secreto de su corazón continuamente.

A menudo las personas me preguntan cuál es el secreto de la sostenibilidad. El lugar secreto es el secreto. Tenemos que vivir allí. Cuando habitamos en la presencia del Señor, nuestra hambre aumenta y nos vemos a nosotros mismos dando a luz una nueva y gloriosa vida. Si cree que sabe cómo vivir en el lugar secreto pero no hay fruto en su vida, en realidad no ha estado allí. En la medida en que estemos unidos al corazón de Dios y enamorados de Jesús, así seremos fructíferos.

Cuando hablo con mis compañeros de trabajo siempre hago énfasis en lo mismo. Una y otra vez digo: "Todos los frutos surgen en la intimidad. Siempre le recuerdo a nuestro equipo que la intimidad es la única forma de llevar fruto que perdure".

Cuando los nuevos ministros llegan por primera vez a África o Asia, algunos de ellos piensan que lo han entendido, pero cuando los pobres se amontonan en su puerta y necesitan ayuda, observo a aquellos que escuchan, que se detienen a menudo para pasar tiempo en el lugar secreto y observo a aquellos que no lo hacen. Aquellos que no escuchan trabajan muy duro durante muchos meses. Los veo trabajar, moverse, avanzar y olvidar detenerse cada día para comer pan del cielo. Luego los veo subirse a un avión con destino al mundo occidental, exhaustos.

Observo a aquellos que también han aprendido el misterio del lugar secreto. Entienden que cuando pasan más tiempo con Dios, llevarán mucho más fruto y tendrán la gracia para continuar corriendo, incluso en medio de una gran presión. Florecen a lo largo de los años porque han aprendido a habitar en el reino en el que todos hemos sido llamados a vivir.

El secreto para las estrategias divinas

Tengo algo que confesar. No tengo idea de cómo prepararme para reuniones y conferencias. Simplemente vivo en comunión con Dios, de donde fluye el fruto. Preparar mi vida para que sobreabunde es la única forma que conozco de prepararme.

Antes de emprender cualquier acción en nuestro ministerio, el Señor nos revela su estrategia. No hay nada que estemos haciendo o intentando hacer que no hayamos encontrado en su Palabra y en su presencia. No nos sentamos delante de una pizarra y dibujamos planes para saber cómo alcanzaremos a las naciones. En cambio, Dios nos dio una visión para cuidar a un millón de niños.

Cuando el Señor me mostró por primera vez el avivamiento que vendría a Mozambique, yo había planificado que nuestro ministerio involucrara solo a unos pocos cientos de niños más. Pensaba que eso era lo mejor que podíamos hacer porque no teníamos muchos padres para ellos, solo madres y otros adultos jóvenes.

No mucho después Dios nos dio una estrategia para continuar con la visión. Nos habló y nos dijo que iba a tocar los corazones de los padres para que cuidaran a los niños y los trajeran a sus propios hogares.

Le creímos a Dios y ahora hay un movimiento extraordinario. En las comunidades donde se han plantado iglesias hay muchos pastores que están recibiendo niños que necesitan cuidado. La mayoría de estos niños reciben cuidado en los hogares de estos pastores o los cuidan las viudas y otros en esas mismas comunidades.

No decimos que tenemos el modelo perfecto. Cometemos errores, pero simplemente estamos haciendo lo que Dios nos ha pedido hacer y aprendemos mientras lo hacemos. Más y más niños están recibiendo cuidado cada día a medida que buscamos el corazón del Señor para la nación de Mozambique y para otras naciones; siempre estamos enforzándonos para permanecer constantemente en de su presencia.

La verdad es que no podemos salir y transformar un lugar para Dios a menos que llevemos lo que Él nos dice que llevemos. Cuando vivimos en su presencia las naciones comienzan a cambiar, una persona a la vez. Ya sea que Dios lo envíe a una vasta multitud o a veinticinco personas, Dios lo ha llamado a ser significativo. Nos ha llamado a cada uno de nosotros a vivir en su presencia y a detenernos por aquella persona que pone delante de nosotros cada día. Dios quiere usarnos, pero tenemos que creer y actuar según las revelaciones que Él nos dé en el lugar secreto.

Por ejemplo, Rolland y yo teníamos la visión de ir a una nación. ¿Qué habría pasado, sin embargo, si no hubiéramos comprado los pasajes de avión? ¿Qué habría pasado si no hubiéramos querido rendir nuestras vidas? ¿Qué habría pasado si no hubiéramos vivido en la presencia de Dios? ¿Qué habría pasado si hubiéramos recibido esta gran visión para los pobres y los enfermos, pero no hubiéramos hecho nada? ¿Qué habría pasado si no nos hubiéramos subido al Land Rover y hubiéramos pasado todos aquellos días, semanas y meses manejando hasta llegar a pueblos que no habían escuchado acerca de Jesús, atascándonos a veces en el lodo? ¿Qué habría pasado si no hubiéramos querido liberar la obra de esa visión a muchos otros cientos de personas? ¿Qué habría pasado si hubiéramos intentado llevarla a cabo solo nosotros?

Puede que nuestros corazones estuvieran llenos de lindas revelaciones, pero nada habría pasado si nosotros y nuestra familia Iris no le hubiera creído a Dios y actuado consecuentemente. Sin el creer que se manifiesta en la acción, nada de esa visión se habría hecho realidad en nuestras vidas y en las vidas de aquellos en nuestro ministerio. Tenemos que responder a lo que Dios nos muestra en el lugar secreto, no solo por amor a nosotros mismos, sino también por amor a todos aquellos que Él quiere tocar a través de nosotros.

Sueños de cavar pozos

Cierto día, mientras estaba descansando en el lugar secreto, el Señor me dio una visión de pozos de agua fresca y de una iglesia en particular. Entonces sentí que Dios nos estaba llamando a cavar pozos y a hacerlo cerca de las iglesias.

Cuando Dios nos dice que hagamos algo mientras estamos en su presencia, necesitamos responder. Necesitamos ir y hacer lo que nos dice. Jesús dijo: "El hijo no puede hacer nada por su propia cuenta, sino solamente lo que ve que su padre hace" (Juan 5:19). En su presencia Dios quebranta nuestros corazones y abre nuestros ojos para que veamos lo que está haciendo a nuestro alrededor. Es por eso que no podemos ir a ningún lugar sin que Dios esté presente en nuestras vidas. Si permanecemos en el lugar secreto es, primero que todo, porque lo amamos; pero es también porque somos como niños pequeños y tenemos que observarlo a medida que Él nos muestra lo que tenemos que hacer.

Después de escuchar a Dios hablarme acerca de los pozos, compramos dos perforadoras. La iglesia que había visto en mi visión pagó una. Cuando llegaron las perforadoras, a los pocos días se nos perdieron las llaves de la primera. Transportamos la segunda y la dinamita en dos grandes contenedores. La dinamita se necesita para romper el suelo cuando es muy duro. Esto era profético, porque durante los dos años siguientes ambas perforadoras permanecieron allí sin usarse. Perdimos al único ingeniero debidamente entrenado que teníamos, que era de la India, porque unos funcionarios en el país no le renovaron la visa. Nuestro amigo se hizo cargo del proceso, pero no mucho tiempo después de haber comenzado se le pidió que abandonara el país junto con su esposa y sus dos hijos. Tratamos de obtener ayuda para operar las perforadoras, pero en el sureste de África esto es difícil, por no decir imposible.

De modo que estábamos allí, con un par de buenos equipos de perforación que nadie podía echar a andar. Era penoso. Los medios para esta gran visión estaban parados sin hacer absolutamente nada. No teníamos ningún técnico, ni ayuda, ni siquiera las llaves para echar a andar una de las perforadoras.

Durante dos años luchamos para ver la visión de los pozos hacerse realidad. Le dije a Dios que no podía hacerlo sola, justo como Moisés sabía que no podía hacer solo lo que Dios le había encomendado que hiciera (Éxodo 33:12). Le pregunté a Dios qué hacer. Las perforadoras estaban allí, pero yo no tenía ninguna habilidad de ingeniería para usarlas. Sabía que había tenido una visión real, pero no sabía cómo hacer que las partes encajaran. Necesitábamos favor. Queríamos cavar aquellos pozos. Queríamos agua para cada persona sedienta de la nación. Juntos continuamos confiando en la promesa de Dios de que brotaría agua viva, espiritual y físicamente.

Por fin renovamos nuestra esperanza cuando un amigo nos dijo que conocía a un ingeniero que estaba deseoso de venir desde Georgia y ayudar. Su nombre era David. Cuando David llegó, nos dimos cuenta de que habíamos perdido otro par de llaves que abrían un contenedor esencial de la segunda perforadora. ¡Uno de nuestros hombres tuvo que atravesar el contenedor con un soplete!

Poco tiempo después fui al lugar para ver cómo le estaba yendo a nuestro nuevo ingeniero. Cuando llegué frente a las perforadoras y me bajé del auto, dijo:

—Hola, chica. ¿Quieres ver las máquinas perforar?

—Seguro —dije.

—Es un gran milagro —respondió—. No puedo decirte cuán grande es el milagro. ¿Quieres ver las máquinas perforar, chica?

En ese momento comencé a preguntarme a qué escuela habría asistido aquel hombre. Empecé a preocuparme. Le había dicho a todo el mundo que un ingeniero experto en cavar pozos había llegado y que estábamos a punto de hacer funcionar las perforadoras para llevar a cabo la obra. Mirando al hombre, de repente me pregunté si estaba remotamente calificado para el trabajo.

Dios, por supuesto, puede calificar a quien Él quiera cuando quiera. Puede usar a cualquier amante rendido y a cualquier vaso rendido. Es por eso que se complació en usar a Moisés, pues Moisés le había dicho que no iría a ningún lugar sin su presencia (Éxodo 33:15). Creo que el favor de Dios sobre Moisés aumentó en el mismo instante en que dijo que sí y que no lo haría sin la presencia de Dios. Dios estaba buscando a un hombre que no dependiera de su propia habilidad y Moisés sabía que su tarea era imposible sin la ayuda de Dios. Se rindió a la guía de Dios porque sabía que no había otra forma de lograrlo.

Nuestra oración más persistente debe ser de esa misma manera: "Dios, haré todo lo que me digas que haga, pero tienes que ir conmigo. No viviré limitado por mi falta de habilidad. Me rendiré a ti. Confío en que tú me harás capaz".

El viernes siguiente David me preguntó si creía que predicaría mejor si parqueábamos las perforadoras frente a nuestra iglesia local. Me gustó la idea y le respondí que probablemente sí predicaría mejor.

Ese domingo dos grandes camiones transportaron las perforadoras hasta el frente del edificio de la iglesia. David dio vuelta a la llave y las perforadoras comenzaron a trabajar. Vi el suelo abrirse justo frente a mis ojos. Estábamos mareados de felicidad. ¡Luego de dos largos años finalmente habíamos visto el cumplimiento del sueño!

Después de la iglesia invitamos a David a lo que yo llamo "la noche del caos santo". Cada domingo invito a muchos niños a pasar la noche en nuestra casa. Comemos pollo, abrimos botellas de coca cola y miramos a los niños jugar hasta tarde en la noche. Hay mucho ruido, mucha alegría y siempre es un tiempo particularmente alocado para otros visitantes que tengamos.

Después de aplacar el ruido y la fiesta, David nos miró a mí y a mi esposo y dijo: "Ahora les voy a contar la verdadera historia, ¿está bien? Nunca terminé la universidad. Nunca he visto pozos, nunca he visto agua brotar de ningún hueco. Pero tuve un sueño. Creí que Dios me usaría para perforar pozos de agua en África. Le creí a Dios cuando me dijo que operaría esas perforadoras. ¡Creí que Dios dijo que yo era el hombre para este trabajo! Tengo una compañía y perforamos, pero solamente hacemos perforaciones laterales. Nunca he perforado algo hacia abajo. ¡Pero tuve un sueño!"

En tan solo unos pocos días Dios usó a David para llevar a cabo una misión que había estado interrumpida durante años. Otros dos ingenieros calificados me habían dicho que no se podía hacer. Incluso el gobierno había tratado de impedir las perforaciones. No obstante, Dios nos envió a un hombre que creyó lo que se le había dicho en el lugar secreto. Confió en que Dios le daría la habilidad de hacer funcionar aquellas perforadoras. Escuchó a Dios y actuó. Miles de personas ahora están tomando agua fresca y limpia porque un vaso rendido dijo sí.

Actualmente tenemos un equipo de excavación bien dedicado, que incluye a un asombroso y muy calificado ingeniero mozambiqueño y continuamos cavando nuevos pozos en Mozambique.

Permanezca en el lugar secreto

Es importante continuar sediento y recordar que Dios quiere usarlo. Su intención es equiparlo con su Palabra y en su presencia. Esto no es un evento que ocurre una sola vez. No es como asistir a una reunión que ha sido fijada y de la que se puede llevar todo lo que va a necesitar. Obtener familiaridad con la Palabra de Dios y su presencia es un viaje que dura toda la vida. Mientras más vive esa experiencia, más desesperadamente la necesitará.

El Señor estaba complacido con Moisés porque no estaba dispuesto a guiar a Israel sin la presencia de Dios. De esa misma manera nos tocó la fe de nuestro amigo David, el hombre que esperó en la presencia del Espíritu Santo hasta que le mostró cómo podía hacer que funcionaran las perforadoras.

Le dimos un doctorado honoris causa en ingeniería. Para nosotros fue una gran alegría cuando pudimos presentárselo. Las lágrimas le corrían por el rostro. Lo honramos como un hombre de Dios que creyó y actuó en base a la estrategia que había recibido del cielo cuando otros hombres, con todos los títulos adecuados, se negaron a siquiera tocar el equipo.

Dios se complace en usar a cualquiera que cree en Él. Anhela liberar las claves y las estrategias del cielo para nosotros en el lugar secreto. El método de Dios para cambiar su nación es *usted*. Usted es la sal. Usted es la luz. Usted es la persona que Él quiere usar.

Cuando habitamos en la presencia de Dios, la lucha y el temor se van de nuestras almas. Moisés le dijo a Dios: "Pues si realmente es así, dime qué quieres que haga. Así sabré que en verdad cuento con tu favor. Ten presente que los israelitas son tu pueblo" (Éxodo 33:13). El Señor le respondió:

"Yo mismo iré contigo y te daré descanso" (v. 14). Luego el Señor le dijo a Moisés lo que le dice a todos los que son amantes rendidos y vencidos, que llevará a cabo exactamente lo que pedimos porque se complace en nosotros y nos conoce por nuestro nombre (v. 17).

Nuestro nombre no pasa inadvertido para Dios. Él nos conoce y desea que nosotros lo escuchemos pronunciándolo. Esto me lo enseñó un día mientras caminaba por el pueblo cercano a nuestra base en Pemba. Había estado visitando a los vecinos durante horas y llegaría atrasada al ministerio de discipulado. Mientras bajaba apurada por una montaña, vi a una anciana que estaba vestida con harapos, sentada en el suelo, recostada a una choza de barro. Estaba ciega. Tenía los ojos totalmente blancos. Sentí que el Señor me pedía que me detuviera junto a ella.

En el dialecto local le pregunté cuál era su nombre. Me dijo que no tenía. Pensé que tal vez era de otra tribu y no entendía mi dialecto makua. Le pregunté otra vez en un dialecto diferente, pero su respuesta fue la misma: "Soy ciega. No tengo nombre".

Había otra mujer sentada cerca de allí. Le pregunté si sabía el nombre de la mujer ciega y también respondió: "Es ciega y no tiene nombre".

Me quedé boquiabierta. Abracé a aquella anciana ciega y de inmediato decidí que la llamaría Utaliya. Significa "usted existe" o "usted es". Cuando lo pronuncié por primera vez, su arrugado rostro cobró vida. Una sonrisa amplia y casi sin dientes le iluminó el rostro. Le pedí a la otra mujer que estaba cerca que intentara llamarla por su nuevo nombre. Utaliya volvió sus ojos blancos y ciegos hacia aquel sonido poco familiar y se rió. Después de eso oré por sus ojos. Vi cómo se volvían color café en mi presencia.

¡Utaliya podía ver!

Le conté acerca del hombre, Jesús, que le acababa de abrir los ojos. Le conté acerca de Papito Dios, quien siempre la llamará por su nombre. Conoció a Dios aquel día. Yo llegué muy atrasada a la reunión, pero me daba la impresión de que había llegado justo a tiempo.

Permanezca ávido de su presencia

La mayoría de nosotros hemos tenido una visión, un llamado o un sueño de Dios en algún momento de nuestras vidas. Es probable que no todo lo que Dios nos ha mostrado haya sucedido. Si queremos cumplir todo lo que Dios quiere para nosotros en esta vida, siempre debemos desear más de Él. Siempre hay lugar para más intimidad, para más de su presencia y más de su gloria.

Nuestra pasión continuará viva y ardiente siempre que cultivemos un hambre santa, colocándonos en la posición para que Dios venga sobre nosotros una y otra vez, mirando profundamente a los ojos de Jesús y comiendo de Él cada día.

Oro para que usted sienta la necesidad de comer del banquete de la bondad de Dios en el lugar secreto y para que descanse en Él a un nivel tan profundo que rendirse a su voluntad se haga fácil. Que usted no sea alguien que se conforme con ir a cualquier lugar sin su presencia. En todos los desafíos y en todas las victorias, oro para que usted lo busque y lo encuentre. Oro para que, desde el corazón de Dios, vea y se detenga delante de todos los que Él coloque en su camino. Oro para que viva una vida de fruto abundante, fruto que fluirá de la intimidad en el lugar secreto.

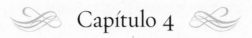

Capítulo 4

AÚN MÁS PROFUNDO

> *El hombre me trajo de vuelta a la entrada del templo, y vi que brotaba agua por debajo del umbral, en dirección al oriente, que es hacia donde da la fachada del templo. El agua corría por la parte baja del lado derecho del templo, al sur del altar. Luego el hombre me sacó por la puerta del norte, y me hizo dar la vuelta por fuera, hasta la puerta exterior que mira hacia el oriente; y vi que las aguas fluían del lado sur.*
> —EZEQUIEL 47:1–2
>
> *Hay un río cuyas corrientes alegran la ciudad de Dios, la santa habitación del Altísimo.*
> —SALMO 46:4
>
> *Luego el ángel me mostró un río de agua de vida, claro como el cristal, que salía del trono de Dios y del Cordero, y corría por el centro de la calle principal de la ciudad. A cada lado del río estaba el árbol de la vida, que produce doce cosechas al año, una por mes; y las hojas del árbol son para la salud de las naciones.*
> —APOCALIPSIS 22:1–2

¿QUÉ SIGNIFICA QUE el Señor venga sobre alguien en el lugar secreto? ¿Qué significa que el Espíritu Santo lo conquiste y lo posea totalmente? ¿Qué significa adentrarse en las profundidades del río que fluye del corazón de Dios?

Significa que nuestra vida no es nuestra. Significa que ya no existimos para nuestros propios deseos sino para los de Dios. Nada es imposible para una vida que está totalmente rendida a Él. Cuando el Señor viene sobre usted, usted se adentra en el río de vida que fluye dentro de su Espíritu.

Dios nos está llamado a que vayamos por lo bajo. Nos está rogando que le permitamos tener todo el control. Nos está invitando a que nos adentremos en el río de su presencia de modo que podamos experimentar la verdadera vida.

Adentrarse en las profundidades e ir aún más bajo

Ezequiel sabía lo que significaba adentrarse en las profundidades. Las aguas a las que había sido invitado salían directamente del templo de Dios y a nosotros también se nos llama a que entremos en ellas.

La fuente del río es Dios mismo. El río fluye de su trono y alegra la ciudad celestial. Como los ríos naturales siempre fluyen en lugares bajos, así el río de Dios siempre fluye en los lugares bajos. Para entrar en él, tenemos que ir más y más bajo. Cuando estamos inclinados, arrodillados, encorvados y rendidos, entonces lo encontraremos. Si estamos lo suficientemente bajos en el Espíritu, reconoceremos incluso un goteo de la presencia de Dios en una habitación. No nos importará nuestra posición, nuestro lugar o cualquier otra cosa que pueda significar un impedimento. Nuestro más ardiente deseo será adentrarnos completamente en el río.

Estoy aprendiendo a vivir en ese lugar de "aún más bajo". Sé que puedo ir allí estando en mi habitación, en un paseo por el bosque, o en un avión. Puedo ir allí desde casi cualquier parte. Mientras más bajo voy, más profundo llego al corazón de Dios. Una vez que he bajado tanto que las aguas de su Espíritu me cubren totalmente, Dios me lleva más allá de todas las palabras y de mi entendimiento.

La pregunta para todos nosotros es esta: ¿Cuán bajo queremos ir? ¿Cuán sometidos (rendidos) queremos estar? Creo que tenemos la capacidad de elegir cuán profundo queremos adentrarnos en Dios. Ya sea que seamos calvinistas, arminianos, griegos o rusos ortodoxos en nuestra teología, tenemos que decidir cuánto deseamos en realidad estar unidos con Dios.

Dios está preguntado quién de nosotros quiere adentrarse en las profundidades. Constantemente nos llama a ir más y más profundo, invitándonos a avanzar hasta que el río nos cubra completamente y alegre nuestros corazones.

El ángel del Señor invitó a Ezequiel a adentrarse más y más en el agua. Midió una distancia:

> El hombre salió hacia el oriente con una cuerda en la mano, midió quinientos metros y me hizo cruzar el agua, la cual me llegaba a los tobillos. Luego midió otros quinientos metros y me hizo cruzar el agua, que ahora me llegaba a las rodillas. Midió otros quinientos metros, y me hizo cruzar el agua, que esta vez me llegaba a la cintura.
>
> —EZEQUIEL 47:3–4

Es probable que Ezequiel estuviera muy asustado ante esta invitación. Tal vez no sabía nadar. Cuando el agua nos llega por los tobillos, tenemos el control de todo. Podemos arreglárnosla para caminar y continuar manteniendo el equilibrio. Podemos chapotear si queremos. Podemos ministrar a nuestra forma. Preferimos esto porque nos gusta mandar. A algunas personas les molesta, por ejemplo, cuando un conferencista pierde el control y comienza a llorar cuando se supone que deba estar hablando. Puedo entenderlo. Sé cuán atemorizante puede ser sentirnos como si estuviéramos ahogándonos.

Pero he estado compartiendo el evangelio incesante y apasionadamente durante más de treinta años y en ese tiempo he aprendido que uno no puede hacer mucho mientras el agua le llega a los tobillos en el río de Dios. Cuando el agua le llega a los tobillos, puede que conozca al Espíritu de Dios. Puede que tenga convicciones profundas. Puede que tenga dones carismáticos. Puede que vea algo del poder de Dios. Pero, a pesar de ello, la mayoría del tiempo estará confinado a las actividades que sabe cómo producir y controlar. Estará caminando por sí mismo y confiando en sus propios planes.

Sé lo que significa haber andado con el agua por los tobillos o incluso por las rodillas durante años, sin entender que había lugares profundos a los que debía dirigirme. Y repito, he aprendido que podemos llevar a cabo el ministerio a nuestra forma con el agua a los tobillos si queremos. Pero también he aprendido que podemos elegir adentrarnos en el agua tanto como queramos. El poder y la presencia de Dios son mucho más poderosos que nuestra habilidad para mantenernos de pie con nuestra propia fortaleza. Dios tiene lugares más profundos a la espera de que vayamos por ellos, muchos más de los que podemos entender.

Ahora siempre me esfuerzo por ir más profundo. Continuamente le pido a Dios que me lleve más profundo y me ahogue en su río. Dios ofrece una invitación a todos los que están sedientos para que se sumerjan totalmente en la gloria de su amor.

Nacido para el agua

Yo fui creada para vivir bajo las aguas del Espíritu Santo. De hecho, siento como si hubiera nacido para estar en el agua. Maduré en la forma contraria a la rana. Las ranas nacen como renacuajos que nadan bajo el agua y luego crecen para vivir en la tierra. Para mí fue al revés. Era como una rana, vivía en la tierra, y luego me convertí en un renacuajo. Cambié de respirar el aire del mundo a necesitar las aguas del Espíritu.

Me acuerdo de mi vida de rana. Durante años Rolland y yo vivimos con el agua a la cintura. Todo lo que teníamos era una iglesia tambaleante. Me imagino que las ranas pueden saltar cuando el agua les llega por la cintura. Tienen piernas fuertes. Ciertamente yo saltaba tan alto como podía por Jesús. Me esforzaba tanto por hacer que todo funcionara que la cabeza me daba vueltas y el corazón se me agotaba.

Entonces el Señor dijo: "Avanza a las profundidades", y plantamos otra iglesia tambaleante. Otra vez dijo: "Avanza a las profundidades", y plantamos otra iglesia tambaleante. Ahora teníamos tres iglesias tambaleantes. Todavía continuábamos saltando con todas nuestras fuerzas, pero solo podíamos llegar hasta un límite al estar con el agua hasta la cintura en su presencia.

Entonces Dios me mostró un camino más fácil. Me mostró que podía morir a mí misma. Luego Él me daría un beso que me regresaría a la vida y todo cambiaría.

Creo que el Señor nos está llamando a un estilo de vida de amor rendido que va mucho más allá de estar metidos en el río con el agua a la cintura. Es un estilo de vida permanente de "aún más bajo". Es un llamado para nadar en un amor que es ilimitado, incesante e insondable, un llamado a ceder el control.

"Aún más bajo" es un lugar tanto de muerte como de vida. El Señor quiere amarlo hasta la muerte y luego besarlo para que regrese a la vida. Pero esto no puede suceder en su propia fuerza o según su diseño. Es exclusivamente el regalo de una relación íntima con Él.

¿Quiere vivir en la presencia de Dios con el agua hasta los tobillos, o quiere sumergirse en Él? ¿Quiere andar saltando para Dios con gran esfuerzo y dolor, o quiere aprender a nadar? ¿Quiere estar tan sumergido en su presencia que pueda comenzar a ver aquello que arde en el corazón de Dios? ¿Permitirá que lo confronte el dolor de Dios por las multitudes de gente perdida, solitaria, hambrienta y moribunda que hay en el mundo?

Es cuando usted se adentra en el amor del Padre que verdaderamente comienza a amar como Jesús. Él quiere sumergirlo. Quiere sostenerlo. Quiere llevarlo a un lugar donde el río de Dios lo cubra de tal manera que los milagros comiencen a suceder a su alrededor. Quiere llenarlo completamente con su Espíritu Santo.

¿Cuán profundo avanzará?

> Midió otros quinientos metros, pero la corriente se había convertido ya en un río que yo no podía cruzar. Había crecido tanto que sólo se podía cruzar a nado.
>
> —EZEQUIEL 47:5

Me pregunto, ¿cuán profundo quería avanzar Ezequiel en ese río? ¿A la altura de los tobillos, de la cintura o del cuello? ¿Anhelaba sumergirse completamente? Al final el ángel del Señor llevó a Ezequiel a un río demasiado profundo como para cruzarlo. La corriente era demasiado poderosa y las aguas demasiado altas como para que lograra mantener la estabilidad al lado del Señor.

Adentrarnos en las profundidades del río significa que ya no tenemos la habilidad de estar en pie por nosotros mismos. No hay lugar donde asentar los pies. Esto requiere una total rendición. Y Dios quiere llevarnos más allá de lo que podemos controlar. Quiere llevarnos a un lugar en el que podamos movernos en cualquier dirección solamente por el fluir de su presencia.

Cualquiera que ha trabajado alguna vez en nuestro ministerio entiende que el agua nos cubre mucho más allá de nuestras cabezas. Esto les molesta a algunas personas. De hecho, el agua nos cubre tanto que si Dios no se mostrara a través de una provisión sobrenatural, la gente pasaría hambre. Cada día miles de niños vienen a nosotros en busca de su ración de comida. No podríamos haber continuado haciendo esto sin una intervención divina. Literalmente tenemos que confiar en que Dios nuestro Padre nos dará nuestro pan diario. No tenemos ningún plan B. Simplemente continuamos inclinándonos cada vez más en la bondad del Señor.

Siempre que estoy en mi hogar en Pemba me gusta nadar en el océano. Es una de mis maneras favoritas de ir al lugar secreto. Debajo del agua es fácil sentirse escondido en Dios. No hay distracciones.

Trato de alejarme tanto de la costa como sea posible. Si alguien me ve y trata de perseguirme, nado más rápido. Si gritan mi nombre, voy a donde ya no los pueda escuchar. Si voy a servir para algo bueno durante el resto de la semana, necesito imperiosamente ese tiempo. Siempre estoy desesperada por tener ese tiempo con Dios.

Debajo de las olas le pido a Dios que me enseñe cómo puedo vivir en el río sin interrupción. Quiero sumergirme totalmente en el Espíritu Santo. Quiero estar totalmente cubierta hasta que nadie me vea, sino que es solo Cristo en mí. Incluso en ese lugar, cuando estoy completamente escondida y el Espíritu Santo llena cada aliento, anhelo ir aún más profundo.

También me encanta bucear y me gusta ir lo más cerca que pueda de los acantilados. Cuando buceo, tengo que amarrarme algún peso para poder permanecer debajo del agua sin esfuerzo; si no llevo pesos, constantemente tendré que estar moviendo las piernas, nadando hacia abajo para evitar volver a flotar en la superficie.

La gloria del Señor a veces se puede sentir como un peso y ese mismo peso es un don. Nos ayuda a hundirnos en los lugares profundos y a permanecer allí sin esfuerzo. Sin el peso de la gloria de Dios sobre nosotros, no podemos encontrar el lugar más bajo.

Cuando buceo llego a experimentar un ámbito nuevo y diferente. A través de mi máscara un mundo nuevo me saluda, como otra dimensión. El reino de Dios también es un ámbito diferente y cuando nos llama allí, nos está llamando a una nueva dimensión. Si queremos permanecer allí, tenemos que ser capaces de respirar debajo del agua.

Un día el Señor me habló justo en el mismo instante en que salí de la tierra y entré al agua, hacia el océano. Sentí que me dijo:

—Así de fácil es vivir en el ámbito del reino. ¿Es esto lo suficientemente profundo para ti?

—No, Señor —respondí.

Entonces sentí que me dijo:

—Ven aún más profundo.

Continué avanzando dentro del agua más allá de las

rocas y la arena. Me sumergí hasta que el agua me llegó a la cintura y sentí que me dijo: "Ahora permíteme llevarte". Dejé que me adentrara en el agua. Al hacerlo, otra realidad me rodeó y me cubrió.

Permitirle a Dios que nos lleve cuando no comprendemos lo que está sucediendo puede hacer que nos sintamos atemorizados. A veces podemos sentirnos como si estuviéramos a punto de ahogarnos. Él nos consuela solo prometiéndonos que cuando nos dejamos llevar, en realidad moriremos. Después de la muerte, sin embargo, resucitaremos a una nueva vida. Incluso después de haber aceptado a Jesús como nuestro Salvador, todavía hay un lugar "aún más bajo". Podemos continuar avanzando hasta que nos sumerjamos totalmente en el reino del amor de nuestro Padre.

Puede que algunos vacilen, pongan excusas o se retiren porque la idea de sumergirse parece peligrosa. Algunos pensarán que no están listos para nadar tan lejos y a tanta profundidad y se preguntarán por qué están siendo lanzados a las aguas profundas cuando ni siquiera saben nadar. Creo que el Señor les diría que no se preocupen. Si usted salta, Él lo alcanzará y usted se ahogará en su profundo amor. Siempre que elegimos saltar, Dios nos llevará a lo profundo para que tengamos que aprender cómo respirar en el reino del Espíritu Santo.

Dios nos está llamado a ser un pueblo que puede respirar debajo del agua. Hemos mantenido la cabeza fuera del agua durante suficiente tiempo. Lo que Él quiere precisamente es que el agua nos cubra la cabeza y que perdamos el control.

Debajo de la superficie, la flora y la fauna son muy diferentes. Al principio todo lo que vemos en el ambiente nos parece increíblemente extraño. Siento que el Señor nos está invitando a un lugar en el que hemos tenido miedo de vivir, el ámbito sobrenatural de su reino, donde su presencia manifiesta nos rodea y nos sostiene como el agua en las profundidades del océano.

Fuimos creados para respirar en su reino. Podemos estar permanentemente sumergidos en la gloria de su amor. Simplemente tenemos que ahogarnos.

Cuando trato de ir a la superficie y de respirar fuera del lugar de su amor, ya no me siento bien. Si salgo y siento la atmósfera de la religión humana, me daña. Vuelvo a hundirme en su corazón y le pido que me mantenga allí. También he aprendido que si uno vive sumergido en el Espíritu, no se fatiga. El momento más difícil para caminar es cuando salimos del agua. Uno debe tener cuidado cuando camina sobre los corales y las rocas. Cuando está sumergido hasta las rodillas o hasta la cintura, es difícil moverse. Tiene la mitad del cuerpo en el agua y la mitad en el mundo. Una vez que está flotando, entra a una forma totalmente nueva de libertad.

Dios quiere acostumbrarlo a un reino diferente porque su hogar verdadero no está aquí. Estar en la selva africana representa una alegría inexplicable para mí, pero ese no es mi hogar. Mi casa está en otro lugar. Mi corazón está con aquel que amo. Paso tanto tiempo de mi vida tratando de nadar cada vez más profundo que la realidad de esta tierra ya no es mía. Mi realidad es completamente sólida, concreta y real para mí, pero no es esta. Ese es el motivo por el que a veces veo las cosas de una manera diferente a como las ven otros.

Dios está buscando un pueblo que pueda sumergirse tanto en su amor que por el resto de su vida tenga que sobrevivir dentro de su corazón. Nada más les importará. En este lugar secreto usted puede escuchar el latir del corazón del mismo Dios. Él le dirá las cosas que le alegran el corazón. Lo llamará para que vaya y haga lo que Él quiera y usted no lo rechazará.

Dios sabe que esto puede ser atemorizante. Pero, no obstante, nos llama para que avancemos cada vez más profundo. Independientemente de cuán profundo hayamos ido, siempre hay más. Necesitamos ir más profundo y más bajo hasta que todo lo que tengamos sea la mente de Cristo. Estamos llamados a ser más que un pueblo que puede nadar durante algún tiempo pero que tiene que seguir sacando la cabeza, tratando de entender el sentido de todo. Tenemos que ser capaces de respirar en su atmósfera sin necesidad de salir para respirar el aire del mundo.

Permita que Dios lo lleve a ese lugar. No permita que este asunto se quede en meras palabras. Pídale que lo transforme en su amor. Adórelo y espere en Él hasta que se sienta sobrecogido al punto de que no quiera regresar. Si bebe diariamente del río de Dios y permanece sumergido en Él, entonces comenzará a derramar cada vez más un amor que es irresistible. Cuando ministre a los quebrantados, a los moribundos y a los que sufren, la presencia santa de Dios fluirá y se derramará con paz y alegría en cada parte de su vida.

Oro para que Dios continúe sumergiéndolo en su amor hasta que lo único que entienda sea su corazón. Lo desafío a que haga un compromiso de por vida de ir más profundo todos y cada uno de los días de su vida.

Lo animo para que ore en este momento conmigo y diga: "Dios, no estoy satisfecho. No puedo vivir metido hasta los tobillos, hasta las rodillas o hasta la cintura. Tengo que estar completamente sumergido en tu presencia. Señor, aquí estoy. Sumérgeme. No quiero dejar de ahogarme. Quiero ahogarme en tu amor. Quiero saber lo que es estar sumergido y quebrantado. Quiero saber lo que es estar fuera de control y, por ti, estar total y completamente en control. Señor, ven como un río arrasador. Te invito para que me lleves a lugares más profundos".

La vida en los lugares oscuros

Entonces me preguntó: "¿Lo has visto, hijo de hombre?" En seguida me hizo volver a la orilla del río, y al llegar vi que en sus márgenes había muchos árboles. Allí me dijo: "Estas aguas fluyen hacia la región oriental, descienden hasta el Arabá, y van a dar al Mar Muerto. Cuando desembocan en ese mar, las aguas se vuelven dulces. Por donde corra este río, todo ser viviente que en él se mueva vivirá. Habrá peces en abundancia porque el agua de este río transformará el agua salada en agua dulce, y todo lo que se mueva en sus aguas vivirá".

—Ezequiel 47:6–9

En mi nación de Mozambique comenzó un gran derramamiento en medio de una inundación que produjo una vasta destrucción. La situación en los pueblos era tan mala que se dio el caso de mujeres que tuvieron que dar a luz sus bebés en los árboles. Salimos con helicópteros, autos y botes para ayudar a tantos como pudiéramos. Cuando teníamos que hacerlo, caminábamos a través del agua a pie.

Mientras lo hacíamos, cientos de miles de personas comenzaron a aceptar a Jesús. La gente estaba desesperada. Esta terrible inundación produjo uno de los mayores cambios espirituales que el mundo haya visto alguna vez. Dios nos dice que si dejamos que Él nos dé su mente y su corazón, entonces nosotros también podremos comenzar a hacer lo que Él hace. Jesús solo hizo lo que el Padre estaba haciendo. Dijo: "Ciertamente les aseguro que el hijo no puede hacer nada por su propia cuenta, sino solamente lo que ve que su padre hace, porque cualquier cosa que hace el padre, la hace también el hijo. Pues el padre ama al hijo y le muestra todo lo que hace. Sí, y aun cosas más grandes que éstas le mostrará, que los dejará a ustedes asombrados" (Juan 5:19,20).

Su río fluye a través de nosotros como consecuencia del amor íntimo que se encuentra en el lugar secreto. Tenemos que entrar a ese río por nosotros mismos para llegar a la vida que se encuentra allí. Una vez que estamos sumergidos en su río, la vida también nos seguirá adondequiera que vayamos, incluso a los lugares más oscuros.

Cuando vivimos en el río de Dios, totalmente sumergidos en su corazón, la sanidad se libera a través de nosotros. De las riberas y orillas de nuestra vida brota una vida rica. El agua pura de Dios transforma y purifica cualquier otra agua turbia que enfrentemos. Transforma el agua salada o el agua amarga en agua fresca.

Cuando pasamos de tener tres iglesias a miles de iglesias en unos pocos años fue porque Dios nos sumergió en su Espíritu en una forma que nunca antes habíamos conocido. Muchas personas preguntan cómo sucedió. Solo puedo decirles que Dios lo hizo. No hay mucho más que decir. Nos miró, pequeños seres rendidos en el polvo, tan abajo que incluso la más ínfima corriente de su presencia hubiera podido cubrirnos cabeza y todo, y nos bendijo a todos. Derramó su Espíritu Santo y envió una hueste de hermosos ministros a nuestro movimiento. Como dice en el pasaje de Ezequiel que aparece arriba, enjambres de criaturas y de peces se encontraron en ese río.

Dios nos ha dado una promesa poderosa: Adondequiera que el río fluya, la vida florecerá. Imagínese la vida abundante, la sanidad y el gozo liberado sin medida en cada lugar que pisen nuestros pies. Creo que eso es exactamente lo que vendrá a medida que aprendamos, juntos, a habitar en el río.

Antes de las inundaciones en Mozambique solíamos guiar a las personas a Cristo en pequeños grupos. Ahora vienen en enjambres. A menudo prácticamente pueblos completos reciben a Cristo en un instante. Me acuerdo de un pueblo donde no había ni un solo cristiano. Mientras me preparaba para hablar allí por primera vez, recordé el pasaje de Ezequiel que aparece arriba. Creí con todo mi corazón que, a través del amor del Padre, íbamos a traer agua viva al pueblo aquel día.

Normalmente los pueblos se sumergen en una profunda oscuridad durante la noche, pero habíamos llevado un generador. La atmósfera espiritual de aquel pueblo en particular se sentía inusualmente lúgubre, pero habíamos llevado a los niños de nuestro centro y ellos son muy difíciles de deprimir. Instalamos luces y parlantes. Los niños hablaron, cantaron y tocaron los tambores en un largo y exuberante tiempo de adoración. Yo también hablé. Cuando terminé, dije: "¡Tráiganme a los ciegos y a los sordos!".

No había sordos, lo que es una rareza en esta parte de África. Pero al poco rato alguien vino y me dijo que conocían a un hombre ciego que también estaba paralítico. Estaba en su choza porque no podía llegar hasta allí.

Eso era perfecto. Pedí prestada una linterna y me dirigí a la choza del hombre con mi equipo de oración conformado por niños. Cuando llegamos, conocimos al hombre ciego. ¡Estaba tapado con una sábana que tenía un dibujo azul brillante de los pitufos! Siempre me he preguntado cómo obtuvo aquella sábana de los pitufos o si alguien en el pueblo sabría quiénes eran los pitufos. Supongo que en aquel momento no importaba mucho.

Nos sentamos a su alrededor, oramos por él y lo abrazamos. Todavía estaba ciego. Entonces nos dijo que tenía dolor de cabeza. Oramos por el dolor de cabeza y se le quitó, pero todavía no podía ver.

Le pregunté si quería conocer a Jesús. Me respondió que él y su familia estaban todos listos para rendir sus vidas a Cristo. Recuerdo que pensé: "Ni siquiera ve, pero a pesar de eso quiere a Jesús. Eso es una fe maravillosa". Aquel hombre y toda su familia aceptaron a Jesús aquella noche.

Antes de salir de la choza le dije: "Cuando mañana pueda ver, por favor envíeme un corredor a Pemba con la noticia".

Pemba, donde vivo, queda a muchas horas de este pueblo. Aquella noche ciertamente no estaba pensando como lo haría una persona normal. Estaba sumergida en la presencia de Dios, de modo que pensaba y hablaba de una manera diferente a como lo haría una persona en el mundo natural. Eso también era algo bueno, porque el resto de la noche fue increíblemente desafiante. Algunos de los habitantes del pueblo comenzaron a apedrearnos a nosotros y a nuestros niños. Los visitantes que habíamos traído con nosotros se encerraron en mi Land Rover. Dijeron que estaban intercediendo por nosotros.

Una de nuestras jóvenes ignoró las piedras y le pidió a los ciegos que se acercaran para ser sanados. Algunas de las personas más amistosas se acercaron y nos trajeron a otro ciego. La joven y yo oramos y el hombre recibió la vista al instante. El hombre había tenido otras creencias hasta el instante en que fue sanado, pero en ese momento gritó: "¡Aleluya!", agarró el micrófono más cercano y comenzó a hablar a la multitud acerca de Jesús. Dijo: "Aquel del que están hablando es real. ¡Yo estaba ciego y ahora veo!"

Después de eso muchas personas en el pueblo recibieron a Jesús.

Todo esto sucedió un jueves por la noche. Hasta el domingo, ningún corredor había venido a Pemba con la noticia de que el primer ciego había recuperado la visión. Yo estaba un poco confundida con respecto a eso. Esperaba con toda seguridad que sería sanado.

El lunes estaba conversando con un amigo, un hombre que es un influyente hombre de negocios en Pemba. Este amigo practica otra religión. Estábamos dentro de su carro en la Base Gloria cuando de repente llegó un extraño hasta el camión y golpeó el vidrio. Mi amigo se inquietó un poco y quiso que yo le preguntara al extraño qué estaba haciendo. No siempre es seguro hablar con extraños en Pemba.

No sabía de qué se trataba, pero bajé el vidrio para preguntar. Enseguida que bajé el vidrio, el extraño dijo: "¡Yo soy el corredor!". Entonces llegó otro más y dijo, jadeando: "¡Puede ver! Y también puede caminar. ¡Está en el campo, trabajando!".

Mi amigo, el hombre de negocios, me pidió que orara por él allí en ese mismo instante. Me tomó la mano y se la llevó a los ojos. Lo que sea que yo tuviera, él lo quería.

A veces Dios permitirá que usted espere y se pregunte por qué no hace algo exactamente en el momento en que usted pensaba que lo haría. A veces Dios simplemente le está pidiendo que espere hasta el lunes. Dios sabe lo que está haciendo. Gracias a que los corredores llegaron en el momento preciso, mi amigo que profesaba otra fe se convenció de que necesitaba experimentar a Jesús.

Dios tiene el control absoluto incluso si su forma de hacer las cosas es inesperada. Es por eso que permanecemos debajo de las aguas del río.

Lance sus redes

Junto al río se detendrán los pescadores, desde
Engadi hasta Eneglayin, porque allí habrá lugar para
secar sus redes. Los peces allí serán tan variados y
numerosos como en el mar Mediterráneo. Junto a
las orillas del río crecerá toda clase de árboles fru-
tales; sus hojas no se marchitarán, y siempre tendrán frutos. Cada mes darán frutos nuevos, porque
el agua que los riega sale del templo. Sus frutos servirán de alimento y sus hojas serán medicinales.
—EZEQUIEL 47:10, 12

A cada lado del río estaba el árbol de la vida, que
produce doce cosechas al año, una por mes; y las
hojas del árbol son para la salud de las naciones.
—APOCALIPSIS 22:2

Hay "peces" a nuestro alrededor a la espera de que los
capturemos en la red del amor de Dios. En esta generación han pasado cosas horribles, pero esa precisamente es
otra razón para extender nuestras redes en fe y creer que
vamos a atraer multitudes.

Siempre hay gente extendiendo sus redes de pescar
frente a nuestra base de niños en Pemba, que está justo en
el océano. Por lo general de diez a veinte mujeres extienden
juntas una gran red. Estas redes son demasiado grandes
como para que una sola persona las maneje. Las cubren
con pesos para anclarlas en el suelo del océano y, al final
del día, observo cómo regresan juntas cantando mientras
llevan lo que han pescado. Gracias a que trabajan juntas,
pareciera que el proceso no requiriera ningún esfuerzo.

Nuestro tiempo de lanzar una red de pescar y esperar
allí tres horas para atrapar un pez se acabó. No es el tiempo

de que uno o dos evangelistas súper ungidos dominen el trabajo de la cosecha. Es tiempo de que cooperemos para extender las vastas redes que Dios ha colocado en nuestras manos. No necesitamos esforzarnos hasta el agotamiento. Simplemente necesitamos estar escondidos dentro del corazón de Dios y trabajar juntos. A Dios le encanta cuando diferentes corrientes de la iglesia se unen en amor para lanzar su red. Creo que está levantando un ejército de amantes rendidos que sostengan cada uno su parte de la red para pescar millones de peces.

Los árboles enraizados a ambos lados del río que fluye del santuario de Dios producen fruto todos los meses del año. Esto es un proceso sobrenatural. Si permanecemos sumergidos, Dios hará que produzcamos fruto a un ritmo sobrenatural.

Los frutos nacen del amor. Llevar fruto es muy bueno, pero no es la meta final. La intimidad con Dios tiene que ser nuestro propósito. Si lo buscamos a Él por encima de todo, el fruto viene por añadidura. Nunca he visto a un árbol frutal pararse y decir: "¡Dame fruto!". Los árboles no tienen otra tarea que permanecer enraizados en el suelo. Beben el agua que fluye del corazón de Dios y la nueva vida crece.

A menudo las personas nos preguntan cómo pueden plantar también miles de iglesias en unos pocos años, como ha sucedido en Mozambique. Nos reímos. No sabemos cómo hacerlo. En Iris simplemente amamos al Señor, amamos a nuestros vecinos y pasamos tiempo en la presencia de Dios. Él es quien decidió usarnos.

Es probable que un hombre pueda controlar una iglesia de cincuenta personas si trabaja duro y se somete a mucho estrés. Puede producir fruto a su tiempo. Sin embargo, la persona que le da el control a Dios se abre a sí misma a la posibilidad de producir fruto permanente. Aquellos que eligen este camino rinden toda su vida en el altar, deseando que los lleven a cualquier lugar y que les den cualquier tarea.

Cuando usted se adentra en las aguas profundas, le esperan doce meses de producir fruto. Hay vida y sanidad. Usted sabrá qué hacer y cómo hacerlo, mientras permanezca sumergido en el corazón de Dios. Aprenda a permanecer escondido en Él y el fruto sobrenatural de su amor lo rodeará.

Capítulo 5

PERMANEZCA *en* ÉL

> Yo soy la vid verdadera, y mi Padre es el labrador. Toda
> rama que en mí no da fruto, la corta; pero toda rama que
> da fruto la poda para que dé más fruto todavía. Ustedes
> ya están limpios por la palabra que les he comunicado.
> Permanezcan en mí, y yo permaneceré en ustedes. Así como
> ninguna rama puede dar fruto por sí misma, sino que tiene
> que permanecer en la vid, así tampoco ustedes pueden dar
> fruto si no permanecen en mí. Yo soy la vid y ustedes son las
> ramas. El que permanece en mí, como yo en él, dará mucho
> fruto; separados de mí no pueden ustedes hacer nada.
>
> —JUAN 15:1-5

DIOS DESEA AUMENTAR nuestros frutos permanentemente. Si queremos vivir una vida rendida a Él, también nos podará para que esto sea una realidad. Esto a veces nos puede parecer doloroso porque no entendemos exactamente lo que está sucediendo. Pero mientras nos está podando debajo de la tierra, también está multiplicando nuestro sistema de raíces. A medida que corta las ramas rebeldes, nuestra raíz se afianza con mayor profundidad.

Durante los primeros veinte años de nuestro ministerio, sentimos que habíamos producido poco fruto. Plantamos tres iglesias y vimos unos pocos milagros, pero sentíamos que el fruto visible de los años que estaban por venir no sería mucho más grande que eso. A veces eso nos desalentaba porque no encajaba con nuestras esperanzas. Solía pensar que probablemente preferiría convertirme pronto en una mártir para Cristo. La vida era dura. Quería regresar pronto a casa. Estaba lista para arrodillarme delante de Dios y darle el fruto que tenía. Si podía llevarle aunque fuera una sola uva, sabía que esa uva era preciosa para Él porque había trabajado toda mi vida para obtenerla.

Pero Dios quería de mí algo más que una uva. Quería un viñedo. Me mostró cuánto más fructífero sería vivir para Él que morir antes de mi tiempo. Y me di cuenta de que una de las formas para cultivar mi viña es invitarlo a que me pode.

Permita que Dios lo pode

Jesús es la vid verdadera y su Padre, el labrador. Debido al deseo del Padre de vernos florecer, ha cortado todas las ramas que no llevan fruto. Esto duele, pero procede del amor. Haríamos bien en tener una postura delante de Dios que le permita podar todas y cada una de las cosas en nosotros. Ya que hemos sido llamados y elegidos para ser amantes radicales que llevemos el evangelio hasta los confines de la tierra, nuestro destino es llevar su gloria. Su deseo es quitar cualquier cosa que le impida cumplir ese objetivo.

A veces corta cosas que amamos. A veces quita cosas

que pensábamos que nos gustaban. Mientras está cortando esas ramas y comenzamos a sentir el dolor, continúa haciéndolo al mismo tiempo que nos cubre con su bondad. Esta clase de disciplina siempre nos libera hacia una mayor medida de nuestro destino.

Dios me ha liberado de algunas cosas que solían atarme. Ha cortado aquello que yo pensaba que estaba allí por una buena razón. Me mira con ternura, a pesar de que puede que yo esté gritando de dolor. Él ve el resultado final y sabe que es mejor de lo que puedo imaginar.

Si no entendemos su corazón, pasajes tales como Juan 15:1–2 pueden hacernos pensar que Dios es malo. La imagen de Dios sosteniendo un machete o una navaja para podar puede que no sea muy agradable, pero la verdad es que la gracia de Dios es eterna. Puede que le corte y le queme algunas partes, pero cuando lo hace, lo sostendrá en sus brazos y le asegurará que lo ama.

Luego de más de treinta y siete años de misiones estoy empezando a comprender que cada vez que Dios ha cortado y quemado algo en mi vida y en las de quienes forman parte de nuestro ministerio, ha producido más fruto. Incluso si tenemos que cambiar cosas que nos duele mucho cambiar, siempre decimos que sí.

El Señor ha estado podando mi vida durante muchos años. Después de que Dios me tocara poderosamente en Toronto, sentí que me dijo: "Quiero más tiempo contigo. Voy a tener que cortar cosas en tu horario que no son importantes para mí". Mientras seguía tirada en el suelo, no podía tocar en la iglesia. No podía ocuparme en ninguna de las actividades tradicionales. No podía hablar ni moverme, mucho menos cantar o predicar o testificar.

Mientras estaba allí, me preguntaba cuán fructífero podía ser aquello. Pero luego de aquella experiencia de amor íntimo, el fruto comenzó a crecer de manera exponencial. Dios nos bendijo mostrándonos todos los milagros que alguna vez habíamos soñado.

La implacable determinación de mi personalidad no me abandonó después de mi encuentro en Toronto, pero me di cuenta de que era una de las cosas principales que tenía que cambiar. Ese fue un proceso difícil. ¡Me sentía tan lista para conquistar el mundo! Pensaba: "¡Conquistemos la India, el Congo y Sudán, sí!". Decía sí todo el tiempo, sin importar de qué se tratara. ¡Sí! ¡Vamos! ¡Sí! ¡Vamos!

Pero Dios tuvo que talarme. Me dijo que iba a cortar, que iba a quemar y que iba a podar las cosas en mi vida que tenían que ser eliminadas.

Le respondí que había una cosa que no iba a negociar.

Ahora bien, no es muy inteligente decirle a Dios lo que usted hará y lo que no. No le sugiero a nadie que lo haga. A pesar de eso, le dije que lo único que siempre quería hacer era vivir con todos los niños. En aquel momento teníamos cientos de niños viviendo con nosotros en el centro infantil. Era un lugar increíblemente ruidoso y me dejaba muy poco tiempo para mí misma, pero me encantaba estar cerca de todo lo que estaba sucediendo. Yo florezco en medio del caos santo.

En seguida sentí que el Señor entró en acción y empezó a cortar. En vez de eso, quería sacarme y ponerme en un lugar pacífico. Había una casa en venta a cinco minutos de nuestro centro, pero no estaba segura de qué hacer. Siempre había vivido en comunidad junto con todos mis niños y el resto de las personas. Tal vez pensaba que la unción se iría si vivía lejos de ellos.

Pero el Señor insistió. Sentí que nos guiaba a mí y a mi esposo a mudarnos de nuestra base a una casa que estaba a cinco minutos de allí. Le pregunté si al menos podía llevar a ocho de nuestros niños conmigo, pero sentí que Dios me dijo que pasarían con nosotros los fines de semana. Nuestros dos hijos carnales ya habían crecido y estaba estudiando en la universidad.

Dios me estaba llamando a irme con Él y pasar más tiempo en adoración, más tiempo en el lugar secreto.

A medida que permito que Dios me pode, me niego a mí misma. Eso es lo que me permite mirar a los ojos a un niño hambriento o a una abuela moribunda y darme cuenta de que verdaderamente Dios siempre es suficiente. Acordé con el Señor que le daría el tiempo más precioso de mi vida, sin importar cuánto presionaran el mundo y la iglesia y las personas para tenerlo.

He aprendido que Dios nos ha llamado a resistir las demandas innecesarias del mundo. A veces necesitamos suplicarle a Dios que impida que cedamos a las presiones de este mundo. Doy la bienvenida al fuego. Doy la bienvenida a la navaja podadora. Lo exhorto a que se convierta en una persona que *ama* primero y *hace* después.

No hay nada que no haría por el Señor. No hay ningún lugar adonde no iría por Él. No hay nada que no le daría. Si a usted también le pasa así, ¡entonces Dios desea su tiempo al menos tanto como desea el mío!

Cuando me pide que vaya a dar un paseo y lo adore, lo hago con gusto. Cuando me lleva al océano a mirar los peces, agarro mi esnórkel y me voy a bucear. Voy y adoro debajo del agua durante horas si me llama a hacerlo. Puede que algunos piensen que soy vaga porque lo hago, pero yo sé que de este romance sale un mejor fruto del que sería capaz de producir de otra manera.

El Señor le está pidiendo que le dé su tiempo por amor a Él. ¿Qué pasaría si rindiéramos en el altar delante de Él nuestros preciosos teléfonos celulares y computadoras, aunque fuera por una hora más o menos cada día? ¿Qué pasaría si de verdad le diéramos la prioridad sobre todas las cosas?

Uno por uno nos está preguntando a todos en la iglesia: "¿Quién tiene tiempo para dejar que yo lo asombre en el lugar secreto? ¿Quién se rendirá hasta que esté tan sumergido en mi amor y en mi gloria que cuando salga aparezca el fruto por todas partes a su alrededor?"

Lo animo para que diga: "Aquí estoy, Señor. Corta todo lo que quieras cortar. Quema todo lo que quieras quemar. Señor, reordena mi horario".

Puede que no sean sus mañanas lo que le dé a Dios, sino sus noches. Puede que sea su hora de almuerzo o su sábado. Creo que a algunos Dios los ha llamado literalmente a vivir en cabañas en las montañas durante algunas temporadas y pasar días completos en adoración. A otros los ha llamado a que vayan a países extranjeros. A otros, a las ciudades del interior; a otros, a ir a los hospitales como médicos o a las universidades como profesores, decanos y presidentes. Cada uno de nosotros tiene un llamado y un destino únicos que el Señor nos muestra cuando pasamos tiempo con Él.

Pero a todos nos ha llamado a pasar tiempo en el lugar secreto. No hay nadie que no haya recibido ese llamado.

Recuerdo una ocasión en la que estaba luchando cuando Dios me llamó y me dijo: "Apártate, mi amada, y camina por la playa".

Mi pequeño corazón religioso batalló con aquella invitación. Ir a una hermosa playa era algo difícil de manejar para mí. Me sentía culpable porque no estaba sacrificando mucho en una tarea como esa. Pensaba que tal vez sería más santa si cerraba los ojos a la grandeza de la tierra y del mar. No obstante, sabía que Él me había llamado, así que finalmente decidí que iba a abrir los ojos y simplemente agradecerle por la belleza que me rodeaba.

Ahora entiendo que Dios quiere cortar de nuestra vida cosas que son falsamente religiosas. No le importa cuán estrictamente somos capaces de privarnos de determinadas cosas. Más bien le interesa que nuestro corazón esté lleno de pasión por Él.

Es bueno dejar que Jesús corte las ramas en nosotros que no llevan fruto pero, a veces, incluso las ramas que *sí* llevan fruto necesitan ser podadas para que podamos ser aún más fructíferos. Solo nos pide que confiemos en Él. El fruto abundante es el resultado de la rendición y cualquier vida que esté rendida por amor es una vida de ministerio.

Permita que Dios corte todas y cada una de las cosas por amor, pero no sea estricto consigo mismo por otra razón. Venda sus carros, sus casas y todo lo demás para ir a otras partes del mundo, pero solo si lo hace por amor. Será suficiente. Una persona que vive una vida de obediencia radical por amor puede llevar suficiente fruto como para conquistar muchos corazones para Jesús.

Pan fresco y fruta dulce

¿Quiere alimentarse con migajas viejas y frutas podridas? A la mayoría de las personas no les gustan las migajas ni el pan viejo, pero a veces es eso lo que le ofrecemos a la gente cuando no ministramos con una verdadera vida fructífera. Las personas hambrientas acuden a las iglesias, recogen algunas migajas viejas que hemos dejado caer al suelo en un intervalo de tiempo de una hora y luego se preguntan por qué no están llenos. Así como el pan fresco emana una fragancia que hace que los niños hambrientos (¡e incluso los ricos!) vengan, hay algo con la fruta fresca del viñedo que atrae a las personas en necesidad. Las personas nos dan la bienvenida cuando perciben que tenemos la clase de comida que están anhelando.

Si usted paga el precio y permanece en Él, siempre tendrá comida espiritual para darle a su familia y a su ciudad. Tendrá pan y fruta fresca. Habrá más que suficiente. Ese es nuestro destino, siempre y cuando entendamos que no podemos llevar ni un poco de este fruto sin buscar a Dios diariamente.

No podemos hacer absolutamente nada sin Él. ¡Nada! No tendremos ni siquiera una uva para ofrecer al Padre sin Jesús. Él es la vid y nosotros las ramas. Cuando nos aferramos a Él, nuestro fruto será dulce y completo y no tendrá gusanos. Las personas no nos tendrán miedo. Estarán ansiosas por recibir el alimento que les traemos de parte del Señor.

Tenemos que ser árboles vivientes, permitiendo que nuestra sombra ayude a las personas a vivir en amor e intimidad. Necesitamos animarnos unos a otros a una libertad cada vez mayor. Necesitamos no hacer la tarea demasiado complicada. Dios nos ha llamado a habitar en su presencia y a amar a otros. Nos detenemos delante de Él en el lugar secreto y luego nos detenemos a amar a la persona que está delante de nosotros a medida que nos adentramos en nuestro día.

Tenemos que permanecer en Él a cualquier costo. Esto significa rendirnos a Él cuando nos habla y obedecerlo. También significa aprender a descansar en Él.

Una vez, cuando estaba particularmente exhausta debido a una semana muy ocupada, decidí que era el momento de hacerle una promesa a mi joven asistente, Shara. Hice un pacto con ella de que sería un modelo de descanso para su generación. Le dije que cambiaría mi horario y lo recortaría. Le dije que iba a hacer menos cosas para pasar más tiempo en la presencia de Dios.

A veces es una promesa difícil de mantener, pero mientras la hacía me ardía el corazón.

Durante esa misma época dos de mis relojes no estaban funcionando bien. El primer reloj, un modelo muy confiable, se detuvo sin una razón evidente. Compré otro más barato en el aeropuerto. Al día siguiente también se detuvo. Creí que Dios me estaba mostrando que si yo hacía menos, Él haría más.

La palabra *no* casi nunca es una palabra popular, pero decir sí a Dios a veces requiere decir no a personas que quieren cosas de nosotros. Tenemos que ser capaces de rendirnos, sin importarnos lo que nos cueste obedecer radicalmente y amar sin límite. Tenemos que depositar nuestras vidas en el altar y, por amor a Dios, obedecer.

Dios nos ha dado a muchos de nosotros visiones y profecías. Algunos hemos recibido visitaciones asombrosas, leído pasajes alentadores y tenido las más increíbles ideas. Cuando nos coloquemos en el altar en una posición de amor rendido, pidamos al Señor que nos dé corazones que estén totalmente enfocados en su rostro, corazones que escojan permanecer en Él siempre.

Muchas personas han tenido visitaciones celestiales o han recibido palabras proféticas muy impresionantes acerca de que han sido llamadas a muchas naciones, a grandes ministerios o medios de comunicación. Pero antes de todas estas cosas Dios nos pide que hagamos un pacto de obediencia. La mayoría de las veces no necesitamos revelaciones nuevas por muy poderosas que estas puedan ser. Necesitamos habitar en Él y obedecer los mandamientos que ya nos ha dado.

Hay tantos llamados increíbles como personas, y puede que usted ya tenga el suyo. A menudo no necesitamos otra visión para nosotros mismos tanto como necesitamos rendir todo lo que tenemos en el altar. Si hiciéramos aquello para lo que ya sabemos que hemos sido llamados, el mundo se sacudiría hasta las entrañas. Esto puede pasar y pasará en la medida en que permanezcamos en Él. Permanecer en su amor es obedecerlo.

Dios lo ha llamado para que habite y permanezca en Él, la vid verdadera, la fuente de toda vida. ¿A quién le importa lo que cueste? *Por supuesto* que costará todo. Puede esperar eso pero, ¿cuánto daría por el amor eterno? ¿A dónde iría? ¿Qué haría?

Aprenda a habitar

Admito que, como movimiento, no siempre estamos habitando tan profundamente como podríamos hacerlo, pero juntos estamos aprendiendo cómo habitar en Aquel que es por siempre hermoso. Es por eso que no podemos escribir un proceso claro de diez pasos para llevar fruto. Nosotros no podemos crear los tipos de frutos que Dios produce. El fruto perfecto proviene del Ser perfecto. Nuestro deseo tiene que ser entrar en su corazón y amarlo hasta que el fruto aparezca.

Es incorrecto tratar de amarlo por amor al fruto. Más bien debemos desear el fruto porque lo amamos. Todavía estamos aprendiendo más de esto, pero nuestra meta no es monitorear alguna clase de movimiento de crecimiento de la iglesia alrededor del mundo. Nuestro único deseo es estar enamorados de Él y amarlo bien, y luego amar a cada hombre, mujer y niño que encontremos cada día. Todo lo que realmente queremos es que nuestro amor arda por Él, porque sabemos que su amor arde por nosotros. Él está a favor nuestro. Si nos rendimos, no dejará que nada muerto permanezca en nosotros.

Él nos dice: "El que no permanece en mí es desechado y se seca, como las ramas que se recogen, se arrojan al fuego y se queman" (Juan 15:6). De modo que no solo nos podará, sino que también quitará todas las ramas que no lleven fruto y las quemará. Todo lo que no le agrade o que pueda conducir a la desobediencia lo lanzará al fuego. Delante de nuestros ojos va a quemar cualquier cosa que nos esté estorbando. Nos ama tanto que no permitirá que las ramas muertas cuelguen de nuestros árboles. Su pasión por nosotros es tan ardiente y tan celosa que no permitirá que despilfarremos nuestra vida al no tener una conexión con Él, la vid verdadera.

Todos tenemos sueños y destinos. Oro para que Dios queme todo lo que no le agrade, cualquier deseo que no haga que su corazón cante. Oro para que Dios nos lleve aún más tiempo al lugar secreto. Cuando no sepamos qué hacer o cómo hacerlo, oro para que simplemente nos ayude a rendirnos más completamente a Él. A medida que nos poda, nos invita a una mayor intimidad. Se invierte a sí mismo en nuestros sueños.

A medida que permanecemos en Él, conocemos cada vez más su corazón y nuestros deseos se alinean con los suyos. Jesús dice: "Si permanecen en mí y mis palabras permanecen en ustedes, pidan lo que quieran, y se les concederá" (Juan 15:7). ¿Qué es aquello que quiere cuando está habitando en Él? Esa puede ser una pregunta difícil de responder pero creo que Dios confía en usted. En este pasaje dice que podemos pedir cualquier cosa que queramos. ¿Quiere que un pueblo que no ha escuchado del evangelio conozca a Jesús? ¿Quiere que toda una universidad llegue a conocer de su amor? ¿Quiere una cura para la malaria?

Puede que esté pensando que lo que en realidad quiere es un yate pero, ¿realmente es eso lo que quiere? Cuando está en el lugar santo, en adoración, en el corazón de Jesús, ¿qué es lo que *realmente* quiere? Cuando estamos habitando en Él, nuestras motivaciones y acciones se aclaran. Una vez que se revelan, encontramos deseos simples y puros. Puede que digamos que queremos que toda la tribu makua sea salva o tal vez que toda la industria de Hollywood reciba un toque del Señor.

La respuesta del Señor es: "¡Manos a la obra!"

Recuerdo un tiempo en el que me sumergí tanto en el lugar secreto que sentí que Dios me dijo que le pidiera cualquier cosa que quisiera. Algunas personas piensan que Dios debe decirnos lo que *Él* quiere. Eso también lo hace, pero en aquella ocasión definitivamente me estaba preguntando lo que *yo* quería.

Le dije que quería ver a nuestro movimiento cuidar a un millón de niños mientras estuviera viva. Quería encontrar a todos los niños que estuvieran muriendo de hambre y traerlos a un lugar. ¡Le gustó la idea! Creo que tal vez incluso lo había pensado.

Vea, cuando usted pasa tiempo con Dios en el lugar secreto, tiene lugar una unión que hace que usted empiece a pensar como Dios. Empieza a tener sus pensamientos. Adquiere la mente de Cristo. Le pareció excelente que yo quisiera cuidar a un millón de niños. Pude haberle pedido un BMW y creo que probablemente lo habría obtenido, pero quería algo más. En el lugar secreto tenía una mente conectada con la presencia y los propósitos de Dios. Quería niños.

También le dije que quería ver un ejército de jóvenes, una generación de amantes radicales y rendidos en el reino de Dios que no se consumieran en el fuego sino que se avivaran con él. Rolland y yo queremos ver a un pueblo que corra la carrera hasta el final. ¡Queremos ver que nuestro techo se convierta en piso; luego queremos romper el techo y correr más rápido que ellos de modo que tengan que aumentar la velocidad para alcanzarnos! Queremos ver a este ejército de amantes liberado en sus dones. Queremos ver a los viejos abrazar a los jóvenes y a los ricos abrazar a los pobres. Queremos ver el fin de las guerras y el amor conquistando al odio.

Tenemos una visión. Tenemos un sueño que surgió en el lugar secreto. Tenemos los ojos fijos en Jesús. En ese lugar de unión Dios dijo que podía pedir cualquier cosa que quisiera. Él nos la dará. Y también quiere llevarlo a usted a ese lugar. Cuando esté allí, se dará cuenta de que tiene que permanecer en Él por el resto de su vida.

Llevar buen fruto demuestra al mundo que somos verdaderamente sus discípulos (Juan 15:8). Un árbol tiene que desafiar el viento, la lluvia y la tormenta para producir fruto. Será lo suficientemente fuerte para ese propósito solo cuando esté profundamente arraigado en el suelo. Al permanecer en Él, le permitimos que cultive el suelo debajo de nosotros. Cada mes, mientras permanecemos en el río, con cuidado de habitar en obediencia, pasando tiempo en el lugar secreto, nos promete que producirá más y más fruto a través de nosotros.

Nuestro Padre se complace cuando liberamos fruto que da vida a todos los que nos rodean. Dele el tiempo que le está pidiendo. Entre a su presencia cada día. Haga un banquete con el pan fresco, que es Jesús. Dele la bienvenida al proceso de poda, sabiendo que Dios ve el cuadro completo. Rinda cada célula de su cuerpo.

Dios es su fuente de vida. Él es la vid verdadera. Sin Él no podemos hacer nada de estima o de valor perdurable, pero se glorifica cuando llevamos fruto para Él, con Él y en Él.

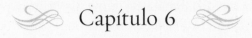

Capítulo 6

PAGAR *el* PRECIO

> *El nacimiento de Jesús, el Cristo, fue así: Su madre, María, estaba comprometida para casarse con José, pero antes de unirse a él, resultó que estaba encinta por obra del Espíritu Santo. Como José, su esposo, era un hombre justo y no quería exponerla a vergüenza pública, resolvió divorciarse de ella en secreto. Pero cuando él estaba considerando hacerlo, se le apareció en sueños un ángel del Señor y le dijo: "José, hijo de David, no temas recibir a María por esposa, porque ella ha concebido por obra del Espíritu Santo. Dará a luz un hijo, y le pondrás por nombre Jesús, porque él salvará a su pueblo de sus pecados".*
>
> —MATEO 1:18–21

MARÍA TUVO QUE soportar durante muchos meses, cada día, el rechazo por estar embarazada con la promesa de Dios. Creo que adondequiera que caminaba, tenía que lidiar con las miradas, los comentarios, las acusaciones y los insultos de sus amigos y de la comunidad, probablemente incluso de su propia familia. Tuvo que continuar llevando la promesa cuando todos los demás pensaban que era obvio que estaba impura.

Perseveró a pesar de que nadie la entendió ni a ella ni al don precioso que llevaba. Tuvo que soportar la vergüenza, la calumnia y el ridículo. En medio de su sufrimiento continuó diciendo sí a Dios. Alimentó al milagro de Dios que estaba dentro de ella.

Las mujeres embarazadas a menudo sienten que las estiran y las halan. Soportar el malestar que produce llevar el peso extra del bebé es parte del proceso. Incluso cuando las circunstancias son buenas, no es fácil. Hay noches en las que las madres no pueden dormir y días en los que no pueden comer. Está el dolor de dar a luz. ¡Pero todo se vuelve alegría cuando llega el bebé!

Un llamado al sacrificio

Otra ocasión extraordinaria en la que el Señor vino sobre mí de manera especial fue en una conferencia de iglesias en Red Deer, Canadá. Para aquel entonces habíamos pasado doce años en Asia, tres en Inglaterra y ocho en Mozambique. Estaba a punto de hablar y, como era mi costumbre, me estaba alistando postrada en tierra con las manos extendidas hacia Dios. Estaba clamando a Dios, diciéndole que incluso si Él me llamaba a ir a Laguna Beach, California, a los ricos, yo iría.

¡Decía esto porque, para mí, eso sería un gran sacrificio! Prefería mucho más estar con los pobres, pero estaba lista para hacer un sacrificio. Estaba clamado: "¡Tómame y úsame! Golpéame, si es necesario".

De repente sentí como si me halaran para entrar al corazón de Dios. Las siguiente palabras que me dijo las escuché claramente: "Ve y busca a mi novia makua perdida". No sabía quiénes eran los makua, pero de inmediato mi corazón se quebrantó por ellos.

Tal como había sucedido en encuentros similares en el pasado, no pude hablar ni caminar después de eso. Aquella noche tuvieron que trasladarme al carro. Más tarde, cuando pude hablar de nuevo, llamé a mi esposo Rolland y le pedí que investigara quiénes eran los makua. Algunas horas después me llamó y me dijo que eran la tribu que menos había escuchado del evangelio en el sureste de África. Millones de personas de la tribu makua vivían bien al norte de Mozambique.

Me di cuenta de que para alcanzarlos, debíamos abandonar la zona sur del país. Comencé a sentir el peso y el dolor de lo que Dios nos había pedido que hiciéramos. Tendríamos que dejar atrás a la mayoría de los niños de nuestra base en el sureste de África. Habíamos encontrado a muchos de esos niños en basureros y en las esquinas de las calles de Maputo. Los amábamos intensamente. Clamé a Dios con respecto a eso y me dijo que podíamos llevar a cincuenta de ellos con nosotros al norte.

Nos tomó algún tiempo alistarnos y entrenar a nuestro equipo sureño que continuaría con el trabajo en la base, pero aproximadamente un año después un nuevo personal, cincuenta niños, Rolland y yo, nos mudamos al pueblo de Pemba en la provincia norteña de Cabo Delgado. En aquel momento no teníamos ninguna base en el norte, ningún edificio y ningún lugar permanente para vivir. Una vez más me dediqué a hablar sobre el evangelio en las esquinas de las calles.

¿Quién llevará la promesa de Dios? ¿Quién arderá con el corazón de Dios por los perdidos? ¿Quién dirá sí, incluso cuando lo empujen y lo halen y tenga que enfrentar inconvenientes e incomodidades? ¿Quién dirá sí a llevar su amor, ya sea a aquellos que son obviamente pobres, desgraciados, ciegos y desnudos, o a aquellos que piensan que son ricos pero que en realidad no tienen ni un centavo? ¿Quién irá y rescatará a su novia perdida en Corea del Norte o en la universidad de Yale?

Cuando Dios viene sobre nosotros y nos cubre, experimentamos su toque en la carne humana. ¿Será posible ponerle un precio a eso? ¿Cuánto es probable que pudiera pagar?

¿Llevará la belleza de Dios a un mundo que se muere?

La mayoría de los milagros más asombrosos que Rolland y yo hemos visto ocurrieron durante nuestras pruebas personales más difíciles. Cuando nuestras circunstancias eran más estresantes, la comida empezó a multiplicarse. Los ciegos empezaron a ver. Los sordos empezaron a oír. Algunos de nuestros pastores vieron muertos resucitar.

Hay personas que nos han disparado, nos han llevado a la cárcel y nos han echado de nuestras casas. He estado en naufragios, me han golpeado, me han robado el auto violentamente, me han apedreado y me han amenazado con cuchillos y con armas. De hecho, ya no puedo contar las veces que mi vida ha estado en peligro. Cuando ahora sucede, casi siempre me río. Estar enamorada de Dios produce una ausencia de temor que sobrepasa el entendimiento. ¡Por Él todo vale la pena!

"¡Dejen ir a mamá!"

Cierto día en Mozambique estaba caminando por la calle con mi equipo de oración. Sucede que aquel día el equipo estaba conformado solo por niñas entre ocho y diez años. Sin advertencia alguna un carro de policía comenzó a perseguirnos a lo largo de la calle y se parqueó delante de nosotras. Ocho hombres con escopetas me apuntaron con ellas a la cabeza. Me ordenaron que entrara al camión.

Iban a meterme en la cárcel porque recientemente había estado predicando en la prisión sin autorización.

Me reí. "¿De verdad les causamos tanto miedo? ¿Se requiere que ocho hombres con AK-47 vengan para llevarnos presas a mis niñas y a mí?", les pregunté.

No les gustó que me riera de ellos. Algunos apretaron su escopeta contra mi rostro.

Me negué a entrar en el camión. Les dije que caminaría con ellos junto al camión para ir a la cárcel. Mientras tanto las niñas gritaban: "¡No le disparen a Mamá Aida!".

Caminé hasta la estación con ellos detrás del camión. Cuando llegamos allí, me llevaron a una habitación. Entonces mis niñas fueron y reunieron a algunos de mis amigos: delincuentes, prostitutas y líderes de bandas. A estas personas no les gusta mucho la prisión local. Ellos sabrán por qué, pues pasan mucho tiempo allí. Mis niñas llegaron con estos amigos míos más coloridos y se reunieron en una pequeña pandilla en las afueras de la cárcel. Empezaron a gritar: "¡Dejen ir a Mamá! ¡Dejen ir a Mamá! ¡Dejen ir a Mamá!".

Los policías se quedaron boquiabiertos.

—¿Usted es la mamá de todos ellos? —me preguntaron.

—Sí. Son mis hijos espirituales —les respondí—. ¡Son una obra en progreso!

Al jefe de policía que en realidad me quería en la cárcel lo habían llamado para una emergencia, de modo que los policías me dejaron ir, pero me dijeron que tenía que regresar al día siguiente a las ocho de la mañana.

Llegué temprano, algo raro en mí. Sentí que el Espíritu Santo me dijo que llegara a las ocho en punto. No sabía el motivo, pero obedecí. Cuando entré, el policía al mando alzó los brazos y dijo: "¡No puedo creer que esto haya sucedido *otra vez*!".

El jefe había acabado de irse para atender una emergencia justo cuando lo necesitaban por segunda vez. Le pregunté al oficial de policía cómo se llamaba. Me dijo su nombre y era un nombre bíblico. Le pregunté si podía contarle la historia de su nombre. Le conté acerca de su tocayo bíblico y oré para que conociera a Jesús y de inmediato el Espíritu Santo cayó sobre él.

Le dije que no podía quedarme en la cárcel porque tenía que ir a ministrar a Australia. Mi avión salía pronto. No solo me dejó ir, sino que también intercedió ante el jefe de la policía por nosotros. Aquel mes Iris Global recibió una carta oficial en la que se nos permitía ministrar en todas las cárceles y las prisiones de esa provincia.

¿Qué podían hacer? ¿Qué puede hacer cualquiera cuando uno no tiene temor? Cuando no pueden hacer que uno entre en medidas preconcebidas, incluso las personas que quieren considerarlo como enemigo no sabrán qué hacer con usted. Pero usted será verdaderamente valiente solo cuando esté enamorado, cuando esté sumergido y rendido al punto de que no le importe el costo.

Si siempre está en el río, siempre enamorado y siempre listo para pagar el precio, no importa lo que el mundo le haga. En el lugar secreto usted no tiene miedo de que le disparen o de que lo maten. Jesús se ha hecho muy real para usted. Si muere, va al cielo.

El mundo no entenderá. No saben qué hacer con la clase de valentía que viene como resultado de estar ahogado en el amor de Dios. Usted necesitará ese valor. Cuando Dios pone un sueño dentro de su corazón, puede estar seguro de que le costará algo. El destino que quiere liberar a través de su vida no es un asunto simple. Es lo que más felicidad traerá a su vida, pero también es un mandato sagrado a practicar el amor sacrificial.

Foto por Natasha Smith, NSP Studio Photography

Rolland y Heidi Baker

Un poco de historia

La foto de Heidi cuando se graduó de la universidad, en la primavera de 1979, ¡lista para predicar el evangelio!

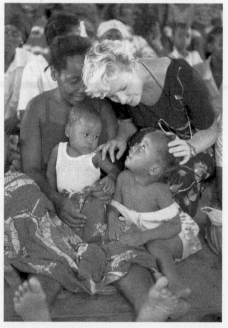

Heidi alimentado a víctimas de una inundación en una fábrica de anacardo en Maputo, 2000.

Los primeros bautizos en la Base de Chihango
en 1996, una vida preciosa entregada a Jesús.

Diciendo sí a una nueva vida en Jesús;
nada será igual otra vez.

La familia Baker con algunos de la Base de niños de Zimpeto en Maputo, a fines de la década de los 90.

Heidi y los niños de la base de Zimpeto en Maputo, listos para las aventuras con el Espíritu Santo, a fines de la década de los 90.

Al alcance de los pueblos para Jesús

Una familia lista para ser amada.

Tesoros preciosos llenos de vida en un pueblo remoto.

Compartiendo el evangelio en un alcance en tierra adentro.

Cavando pozos: ¡el agua limpia salva vidas!

Bailando para Jesús en una iglesia de pueblo.

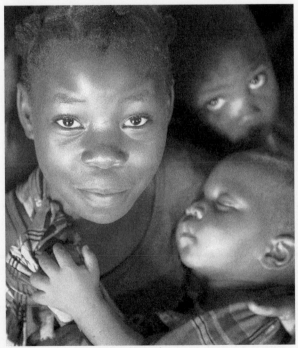

El triunfo de la esperanza.

Desesperado por ver su rostro.

Regocijándose con gozo inefable y lleno de gloria.

A nuestros niños les encanta acampar al aire libre para compartir el amor de Dios en los pueblos cercanos y lejanos.

Heidi haciendo nuevos amigos en un pueblo en el norte de Mozambique.

Una adoradora.

Un pequeño guerrero de oración.

Nuestro centro en Pemba en el norte de Mozambique; nuestro hogar desde el 2004

La base en Pemba, "Pueblo de Gozo",
en el norte de Mozambique.

Los niños de la comunidad listos para
una celebración durante el almuerzo.

Amar al prójimo.

Bautismos en el océano Índico, ¡hambrientos por Jesús!

Un momento de adoración en la Harvest School
of Missions (Escuela de Misiones para la Cosecha)
y en la escuela bíblica mozambiqueña.

¡Papá Rolland después de su primer día de volar
nuestro nuevo Kodiak! Qué logro...

Nuestras niñas recién llegadas de un día de escuela en
nuestra escuela de la base "Pueblo de Gozo" en Pemba.

En la dedicación de la nueva casa de
bebés en nuestra base en Pemba.

La iglesia en nuestra base en Pemba,
adorando al Rey de reyes.

¡Listo para la iglesia y los abrazos!

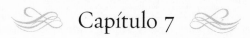

Capítulo 7

AMADO PRÓDIGAMENTE

> *¡Fíjense qué gran amor nos ha dado el Padre, que*
> *se nos llame hijos de Dios! ¡Y lo somos!*
>
> —1 JUAN 3:1

ENTENDER QUE USTED es un hijo o una hija de Dios y saber cuán pródigamente lo ama el Padre es lo que lo libera para que entre a su destino. Solo esto puede darle la confianza suficiente para decir sí a la plenitud del llamado que Dios pondrá en su corazón. Si usted es capaz de captar aunque sea un reflejo de la calidez con la que Dios le sonríe, querrá entregarle todo su ser por el resto de su vida. Irá hasta los confines de la tierra por Él. Ya sea que esto implique vivir en la tierra con los más pobres de los pobres o ser la sal y la luz para las élites de Harvard, hemos sido llamados a brillar de una manera en particular. Dios tiene un par de zapatos especiales para usted, perfectamente diseñados para su propio paso. Tiene que aprender a usar sus propios zapatos y nunca ponerse los de otros. Camine en su unción.

Descubra el corazón del Padre

Conocí la fe en una reserva indígena cuando tenía dieciséis años. Durante toda mi vida hasta ese momento había querido ser bailarina. Practicaba durante muchas horas, seis días a la semana. El día después de entregarle mi vida a Jesús también recibí la llenura del Espíritu Santo. Cuando cayó sobre mí, me llené de tanto gozo que no podía contenerme. Recorría los pasillos de mi nueva iglesia pentecostal orando en lenguas, haciendo caso omiso de todos los que me rodeaban. En aquel momento era para mí algo natural comenzar a bailar en la presencia de Dios. Convertí mi baile en adoración. Bailaba constantemente, dentro y fuera de la iglesia mi propia danza del Espíritu Santo.

Esta nueva iglesia que había encontrado era mucho más libre que la congregación episcopal donde me había criado. Pero aunque permitían mucha más expresión personal de lo que yo estaba acostumbrada, todavía eran muy rígidos en ciertos aspectos. Por ejemplo, eran muy cautelosos con respecto al baile. Cuando notaron que estaba bailando en adoración, no pasó mucho tiempo antes de que algunos comenzaran a decirme que bailar era pecado.

Tenía la determinación de agradar a Dios a cualquier costo. Creí que estos cristianos más viejos y experimentados sabían de lo que estaban hablando, de modo que puse mis zapatillas de ballet en el altar. Era tan tierna, me sentía tan conmovida por el amor de Jesús, que estaba dispuesta a dejar cualquier cosa por Él.

Después de haber empacado mis zapatillas, me postré sobre mi rostro en señal de completa sumisión. He permanecido en esa postura desde el día en que fui salva. Dejar de bailar fue horriblemente doloroso pero, a la vez, fue maravilloso porque lo experimenté como un sacrificio de amor.

Tres años después cuando era estudiante universitaria, Jesús me devolvió el baile. El pastor del ministerio en el campus de Vanguard University me preguntó si tenía alguna formación en danza y teatro. La pregunta me sorprendió porque era una universidad cristiana, pero asistí a la reunión. El Señor usó al Dr. Don Baldwin para liberarme y danzar para Jesús. Comencé un equipo de danza y teatro que ministró alrededor del mundo llevando a miles al Señor.

Veinte años después tuve una visión. Estaba sollozando y el Padre se me acercó con una gran sonrisa en el rostro. Sentí un amor y una aceptación indescriptible que venían de Él. En la visión yo tenía el cabello largo y ondeado, adornado con flores, la forma en que lo había usado durante la adolescencia. Dios me miró, en mi condición de niña hippie con una flor en la cabeza, y me dijo que quería bailar conmigo.

Me tomó de la mano y comenzamos a bailar por todo un campo abierto. Saltamos e hicimos piruetas, deslizándonos por encima del pasto verde. Estaba emocionada pero también sorprendida. No tenía idea de que le gustara tanto bailar, pero mientras continuábamos me sonrió y pude sentir su agrado. Estaba simplemente encantado conmigo.

Me di cuenta de que *le gusto* a Dios. No solo le gusta lo que puedo hacer por Él, ¡realmente le gusto!

Dios sabe que lo obedeceré siempre. Se ha convertido en algo fácil para mí. Cuando siento un amor como este, haré lo que sea. Nuestra danza fue un momento de redención que me habló directo al corazón. Me devolvió aquello que había dejado por Él y una vez más me derretí completamente.

La autoridad proviene del amor

Pródigo es una palabra increíblemente rica. Significa "muy dadivoso, que tiene o produce gran cantidad de algo", como cuando leemos: "¡Fíjense qué gran amor nos ha dado el Padre, que se nos llame hijos de Dios! (1 Juan 3:1).

Sin importar cuán grandes seamos, naturalmente no merecemos ser llamados hijos e hijas de Dios. Incluso si obtuvimos los más altos honores en la escuela, las mejores promociones en nuestros empleos y todas las otras calificaciones que este mundo probablemente puede ofrecer, nunca mereceremos tal don. Solo su amor gratuito y pródigo nos da el título más hermoso de todos, no el de doctor, o abogado, o apóstol, sino el de hijo e hija.

Nosotros somos la familia que Dios salió a buscar y que encontró. Estaba tan decidido a llamarnos sus hijos e hijas que sufrió en una cruz y murió. Jesús y el Padre son uno. Todo lo que hace Jesús, lo hace el Padre. Actúan juntos y la cruz expresa la unidad de su amor por nosotros. Jesús murió para que nosotros pudiéramos convertirnos en hermanos y hermanas. Antes de eso no podíamos ser una familia.

Me han golpeado, me han disparado y han mentido acerca de mí. Incluso han tratado de estrangularme. Pero no tengo miedo. Hasta el día de hoy puedo caminar sin temor en medio de bandas de matones armados y decirles que paren en el nombre de Jesús. Anticipo que van a bajar sus cuchillos. Por lo general resultan ser sorprendentemente agradables. A veces me miran y se disculpan.

¿De dónde vino esa confianza? Vino de saber que el Padre me ama. Porque sé que soy amada en verdad, no tengo miedo.

Dios desea que su ministerio fluya del conocimiento de

que usted es un hijo amado de Dios. En ese lugar no se preocupa demasiado por cómo lo ven las demás personas. No le preocupa demasiado si son amables o infames. Ni siquiera le preocupa si lo aman o lo odian. No se preocupa porque simplemente va a amarlos y a amar a Dios. Esto viene de conocer quién es Él y qué piensa de usted. Esto es lo que significa entender que usted es un hijo de Dios.

Pero, ¿qué tal si cometemos crasos errores? ¿Qué tal si resulta que todavía somos personas con defectos con las cuales puede ser difícil tratar? ¿Seguirá amándonos así?

Hemos llevado a miles de niños a vivir con nosotros a lo largo de los años. Uno de ellos era muy travieso. Si podía encontrar algo malo que hacer, lo hacía. Robaba todo lo que tocaba. Golpeaba a sus hermanos y hermanas. Era un mentiroso compulsivo. Dejó embarazada a una chica y negó que el bebé fuera de él. Era enojado, amargado e increíblemente hábil para encontrar formas de hacerse el difícil.

Cuando tuvo la edad suficiente, le dimos una pequeña casa. Tratamos de entrenarlo para que la cuidara. Creíamos que Dios iba a usar su vida, pero continuó haciendo desastres increíbles en cada una de sus relaciones significativas. Después de un tiempo se escapó y abandonó su casa. Esto era terriblemente frustrante porque tenemos miles de niños que necesitan una casa. Cada casa que construimos es preciosa.

Le pregunté a Dios qué hacer con este asunto. Dios me dijo que lo amara. Le respondí que *sí* lo amaba, pero que nunca había salido bien en la escuela, que reprobaba todos los cursos sin importar cuánto nos esforzáramos por ayudarlo y que cometía fraude constantemente. Le pregunté a Dios otra vez qué quería que hiciera con el chico. Otra vez sentí que Dios me dijo que quería que lo amara. Frustrada, le pregunté al Señor *cómo* quería que lo amara. Sentí que el Señor me decía que quería que le dedicara un poco de tiempo y que orara por él cada día y luego Dios lo traería a su propia casa.

De modo que eso fue lo que hicimos tanto yo como el resto del equipo. Durante mucho tiempo no vimos ningún progreso. A pesar de todo, este chico siempre fue muy carismático y después de un tiempo se las arregló para mudarse al Reino Unido.

Recientemente, cuando estaba dando unas conferencias en el Reino Unido, vi otra vez a este hijo espiritual. De inmediato me quedé paralizada al ver cuán poderosamente estaba reposando la presencia de Dios en él. Cuando llegó hasta donde yo estaba, empezó a llorar y a temblar en mis brazos. En un inglés entrecortado dijo: "Gracias, Mamá, por no dejar de amarme".

Empecé a llorar también y me caí al piso, todavía sosteniéndolo en mis brazos. Estaba orando intensamente para que Dios se mostrara en la reunión. Estaba bendiciéndome y llorando sobre mí con todo su corazón.

Mientras estábamos abrazados, de repente sentí que Dios me preguntó si hubiera dado mi vida por la de él.

"Sí", respondí. "Habría dado mi vida por esta otra vida".

Cuando Jesús se dio por nosotros, estaba con la mirada puesta en el gozo que le esperaba (Hebreos 12:2). Nuestro gozo en este hijo no fue tanto al verlo graduarse de la escuela, aunque nos sentimos muy felices cuando lo hizo. Nuestro gozo fue verlo lleno de la presencia de Dios. Nuestro gozo fue verlo venir a la casa del Padre y adentrarse en el espíritu de la adopción.

Ese chico, que ahora es un hombre, ya sabe quién es. Es un hijo. Sabe mejor que la mayoría que Dios lo ama sin importar cuántas veces haya mentido, robado, golpeado a inocentes o cometido adulterio. Es amado debido a la increíble gracia de Dios que viene para llamarnos a cada uno de nosotros hijos e hijas. Nadie la merece. Simplemente la tenemos.

Su Padre celestial lo ama de la misma manera. Lo ama sin importar lo que hizo o cuánto cayó. Este es el amor que declaró sobre nosotros cuando envió a su hijo. Es el amor que Jesús derramó en la cruz. Es lo que la iglesia debe mostrarle al mundo. Amor tan pródigo que no puede morir.

Debido a ese amor, nos hemos convertido en hijos de Dios. Incluso si aún no creemos en él, esto es lo que realmente somos (1 Juan 3:1). Hemos tenido hijos que, durante mucho tiempo, no podían creer que Dios realmente los amaba. Este hijo en particular había estado con nosotros durante catorce años antes de que finalmente lo entendiera. Eso es una espera muy larga que implica mucho dolor. Cuando el Espíritu Santo toca a las personas de tal manera que al instante se dan cuenta de que son hijos e hijas, debemos celebrarlo como un milagro... porque a veces les toma catorce años.

Usted es un hijo o una hija, en este mismo momento. Su verdadera identidad está en esa verdad. No importa lo que las personas lo llamen o no. No importa dónde se siente o dónde no. Usted es un hijo. Usted es una hija. No existe otra posición más preciosa a la que pueda aspirar.

Amar como Jesús

¿Quiere ser como Jesús? ¿Quiere lucir como Él, oler como Él y sentir como Él? ¡Nosotros sí! Puede que nos espere un largo camino, pero esa es nuestra única meta. Queremos actuar como Él y amar como Él.

El apóstol Juan nos dice que cuando Cristo venga,

seremos como Él (1 Juan 3:2). Cada uno de nosotros es creado a su imagen. Incluso aquellos que parece que somos incapaces de entender están hechos a la imagen de Dios. Cada uno tiene un valor intrínseco. Cada uno lleva una belleza divina.

Necesitamos mirar a las personas como lo hace Jesús. Se dio a sí mismo para que todos conociéramos su amor generoso. Mostrar ese amor es nuestro llamado. Es el objetivo para el que tenemos diferentes unciones.

Este llamado no es algo demasiado difícil de entender. No podemos escapar de él. Nuestra tarea es amar a todos los que nos rodean hasta que cada uno sepa lo que significa ser un hijo del Dios viviente. Debemos servirnos unos a otros hasta que hayamos comprendido el espíritu de adopción. Debemos ver la belleza que tenemos.

Debido a que somos sus hijos e hijas, el Padre nos ha prometido que no nos dejará huérfanos (Juan 14:18). Esto es especialmente importante para nosotros por lo que Dios nos ha mandado a hacer en Mozambique con las viudas y los huérfanos. Nos dijo que los amáramos a todos y que los consideráramos como familia. Todavía nos preguntamos cómo es eso posible, pero Dios busca la forma de hacerlo realidad.

Ya que creemos tan firmemente en el espíritu de adopción, no llamamos a nuestros centros "orfanatos". Dios es fiel a su Palabra, nadie permanecerá sin padre. A veces cuando llegan los visitantes, nos da la impresión de que estaban esperando ver mucha tristeza. Llegan y se sorprenden de que nuestros niños sean felices. Les decimos que la razón de esto es que Dios no los dejó huérfanos. Han sido adoptados. Tienen familia. Están llenos de amor. ¡De hecho, a menudo son nuestros niños los que les ministran el corazón del Padre!

Nuestros visitantes llegan de todas partes del mundo. Algunos son pastores. Algunos son voluntarios con muy pocas posesiones. Otros son ricos y están bien vestidos. Veinte o treinta de nuestros niños vienen y se reúnen alrededor de uno o dos de esos visitantes. Con frecuencia los niños han estado jugando afuera todo el día y colocan sus pequeñas manos llenas de polvo encima de las cabezas de los recién llegados y empiezan a orar, ¡y sus manos son bastante pesadas! Las personas no suelen conservar su cabello en la forma en que lo llevaban peinado; a veces nuestros niños comienzan a trenzárselo. Pero bendicen a los visitantes con todo el corazón. Su ministerio es muy gracioso y muy hermoso.

Pasamos mucho tiempo abrazando a los niños. Oramos para que el amor de Dios se derrame sobre ellos constantemente. Personalmente, nunca he visto niños más felices en ningún otro lugar. No son huérfanos... ni usted tampoco. Papito Dios lo adoptó. Lo mira a los ojos y le dice que es perfecto.

Somos capaces de convertirnos en amantes de Dios porque nos hemos aceptado a nosotros mismos. Puede que pensemos que nos conocemos a nosotros mismos, pero cuando no nos aceptamos, solamente estamos demostrando cuán poco nos conocemos en realidad. ¡Qué tragedia! La verdad es que el Dios del universo nos ama profundamente. Su sangre nos cubre. Eso es lo que nos permite conocerlo y amarlo. Cuando comprendamos esto completamente, caminaremos en santidad y seremos totalmente sanados.

Cuando usted reciba una revelación del corazón del Padre no andará por ahí malhumorado, amargado, obedeciéndolo a regañadientes. Nunca más se quejará de los mandatos de Dios.

Todo el tiempo la gente me dice: *"En realidad* no quiero ir a África. Pero sé que si me arrodillo en este instante, Dios me dirá que vaya a África. ¿Puedo en vez de eso emitirle un cheque?

¡Qué actitud tan graciosa!

Dios es *bueno.* Puede que lo llame o no lo llame a África, pero si lo hace, usted amará a África. Nosotros amamos a África, Asia, Europa y todos los otros lugares a los que el Señor nos ha enviado. Adondequiera que nos llame a ir, iremos alegremente. Usted estará feliz de amar a aquellos que Dios le da para que los ame.

A veces las personas sienten pena por nosotros. Dicen: "Ustedes trabajan con los pobres. Hay malaria, cólera y disentería. Frecuentan los barrios marginales. ¡Hacen sacrificios tan grandes!".

Nos da risa. Nada de esto nos parece un gran sacrificio. Estamos felices de vivir nuestra vida. Somos ministros llenos del gozo del Señor; esa es nuestra fuerza. Nunca escribiremos una carta diciendo cuán triste es. La cosa más maravillosa del mundo es ver a Dios derramar su amor en un basurero. De verdad, cuando Él está allí, se convierte en la catedral más gloriosa de la tierra.

Juan 14:15 afirma: "Si ustedes me aman, obedecerán mis mandamientos". Cuando usted ama y sabe que es amado, la obediencia es algo natural. Aborrecerá el pecado. Será santo simplemente porque no puede soportar el pensamiento de herir a Aquel que ama.

Ser un hijo o una hija de Dios también significa que usted es de la realeza. Este es el más grande de los privilegios, pero también es una responsabilidad asombrosa. Si está verdaderamente agradecido a Dios y quiere complacerlo de todo corazón, tiene que hacer algo más que simplemente reconocer su propia autoridad. Tiene que usarla. Dios le pide que dé amor tan libremente como lo ha recibido, no solo a aquellos que lo merecen, sino también a todas las personas que aparecen en su camino.

Actualmente paso un tercio de mi vida viajando y hablando en iglesias y conferencias. He perdido la cuenta de cuántos sermones he escuchado en el mundo occidental acerca de nuestra condición de hijos e hijas de Dios. Estoy feliz de repetir ese mensaje. Es hermoso y verdadero. Sin embargo, es esencial darse cuenta de que Jesús nos mostró la forma en que debe comportarse un hijo de la realeza. El Rey de reyes nació en un establo. Sabía lo que significaba estar en la tierra con los pobres. Entregó su vida. Sabía exactamente quién era, pero por nosotros escogió ser nada.

En su reino la grandeza significa ser el siervo de todos (Marcos 9:35).

Camine con sus propios zapatos

Porque somos hechura de Dios, creados en Cristo Jesús para buenas obras, las cuales Dios dispuso de antemano a fin de que las pongamos en práctica.
—Efesios 2:10

Cada hijo y cada hija son únicos. Cada uno tiene un llamado particular del Señor. Una vez que hemos probado la generosidad de su amor, encontramos la mayor de las satisfacciones en caminar las sendas únicas que Él establece. No intente copiar el llamado de otra persona. Es muy difícil bailar ballet usando botas. Si le dio zapatos de ballet, baile ballet; si le dio botas de leñador, tale árboles.

Sé lo que significa tratar de usar la clase de unción que pertenece a otra persona. En cierta ocasión, mientras participaba en una gran conferencia, estaba en el baño de damas cuando escuché a una mujer hablando de mí. "Invitaron a Heidi", dijo. "Probablemente va a pasar todo el tiempo en el piso".

Ese comentario me dolió. "Soy la Dr. Baker", pensé. "Tengo un doctorado. Estudié durante diez años. Tengo muchas cosas inteligentes que decir". Decidí que mi siguiente mensaje debía hacerlo muy sofisticado.

Regresé a la casa de la familia donde me estaba hospedando y me encerré en el cuarto de huéspedes. Pedí prestados todos los libros que había en la casa y pasé las tres horas siguientes llenando página tras página de notas y citas. Muy pronto me sentí bastante orgullosa del sermón que había preparado.

Fui a la iglesia a orar un rato antes de que me tocara predicar. Mientras estaba acostada en el suelo, sentí que el Señor me preguntó si quería regresar.

Sabía en mi espíritu que me estaba preguntando si quería regresar a depender de mi educación. Me dejaría tratar de impresionar a la gente con mis conocimientos si eso era lo que deseaba.

"¡No!" grité, mientras los ojos se me llenaban de lágrimas. "¡No! ¡Lo siento!".

Cuando comenzó el servicio, me paré frente a unas mil personas. La mayoría eran pastores experimentados. Caminé un paso hacia el podio y caí al suelo. El Espíritu Santo me desarmó por completo. Cuando caí sobre mi rostro, sin poder evitarlo, mi gruesa pila de hojas con las notas cuidadosamente preparadas voló y se regó a mi alrededor. Empecé a sollozar.

"No puedo regresar", le dije a la audiencia. "No soy sofisticada. No tengo palabras elegantes, ni notas, ni citas. Soy solamente una amante rendida. Todo lo que quiero hacer es amarlo". Me arrepentí delante de ellos por intentar ser alguien que no era.

Muchos ministros son brillantes con sus palabras. Pueden hacer cosas asombrosas en la estructura de un sermón, en la investigación y en la oratoria. Pueden hacer todo eso de las notas y las citas. Ese es un don maravilloso, pero no puedo predicar de la manera en que ellos lo hacen porque Dios me dio dones diferentes.

Mientras estaba allí sollozando, la mayoría de los pastores que estaban a mi alrededor cayeron bajo la presencia del Espíritu. No prediqué nada. Nada que yo hubiera podido decir habría hecho lo que Dios escogió hacer en su propia iniciativa.

En otra ocasión traté una vez más de prepararme para hablar con notas y citas. Fui a la librería para comprar algunos materiales de referencia, pero caí bajo el peso de la gloria de Dios justo entre los estantes.

En el piso de la librería tuve otra visión. Sentí que Dios me decía que me mirara los pies, así que obedecí. Estaba usando unos enormes zapatos de payaso. Eran tan ridículos y de una talla tan grande que no podría haber caminado a ningún lugar con ellos. Luego sentí que el Señor me decía claramente que no podría caminar a ningún lugar con ellos. Dios desea que cada uno de sus hijos e hijas camine en los zapatos a la medida que Él tiene para ellos. Hay un destino y una unción específicos para cada uno. Es tan inútil tratar de ser alguien más como lo era para mí tratar de caminar con aquellos grandes zapatos de payaso.

Nunca logré levantarme. Algunas horas después unas personas me cargaron y me llevaron escaleras arriba a un escenario, me dejaron detrás del púlpito y me dieron un micrófono. Todavía no tenía ni una sola cita, así que les dije lo que sabía: que necesitaban tomar tiempo para detenerse

antes de poder marchar; que necesitaban comprender
el descanso para poder continuar corriendo y terminar
fuertes; que es en el lugar de intimidad con Jesús donde
encontramos quién es Él y quiénes somos nosotros en Él.

Él es Aquel que nos libera para que seamos nosotros
mismos y esa libertad tiene un propósito. Cada uno de
nosotros tiene una autoridad que es única para nosotros
y también un campo específico que cosechar. Para reco-
lectar la cosecha necesitamos usar la autoridad que nos ha
dado. Necesitamos entender quiénes somos. Si queremos
llevar fruto para Él, daremos un paso al frente y asumi-
remos el riesgo de ser las personas que Él diseñó que fuéramos, incluso si no parece como otros esperan.

Conocimos a una joven llamada Yonnie que vino a
trabajar con nosotros en la Villa de la Alegría en Pemba,
Mozambique. Durante toda su vida los padres de Yonnie le
habían dicho que tenía que ser médico o abogada. Decidió
que sería médico pero nunca terminó la escuela de medi-
cina. En cambio se convirtió en asistente de un médico.
Cuando llegó se sentía muy triste por su situación, pero
pensó que dirigir nuestra clínica le daría un nuevo sentido
de satisfacción. Lo detestaba. En verdad quería obedecer a
sus padres y hacer algo grande para Dios, pero su corazón
no estaba en eso ni en ninguna otra cosa que había intentado hacer. Se había forzado a entrar en una caja que no
estaba hecha a su medida.

Un día se cansó al punto de no poder seguir haciendo
nada más. Vino y me confesó que no quería seguir diri-
giendo la clínica.

Yo no tenía a nadie más que la dirigiera, pero respiré
profundo y le dije:

—Está bien, no quieres dirigir la clínica. ¿Qué quieres
hacer?

—¡Quiero ser la directora de la diversión! —dijo.

Le pregunté cómo lo haría.

—Voy a celebrar los cumpleaños de los niños —me dijo.

Eso era una idea divina. No todo el mundo entiende cuán importante es en realidad. Algunos de nuestros niños se han vendido literalmente por un pedazo de pan. Algunos suelen entregar su cuerpo por una Coca-Cola. Tenemos niñas pequeñas que a la edad de diez años eran prostitutas y niños que recuerdan cómo los policías los violaban cada noche. Cuando los recogemos, estos niños no saben cómo jugar. No tienen idea de lo que significa ser amados.

Algunos de estos niños ahora están trabajando para convertirse en médicos e ingenieros, pero eso no es lo que más alegría nos produce. Más bien nuestros corazones se encienden cuando los vemos saltando, riendo, correteando y jugando. Observamos cómo Dios saca el temor y el tormento de ellos y les da la confianza de que están seguros, de que son libres y amados. Es algo que se hace visible en sus rostros.

Eso fue lo que hizo Yonnie. Le enseñó a los niños a jugar. Fue capaz de cambiar grandemente muchas de sus vidas debido a la propia libertad que ella recién encontraba. No podía llegar lejos en los zapatos de alguien más, pero floreció en la unción que fue hecha para ella.

Creo que demasiados cristianos tratan de imitarse unos a otros, como si se supiera que debemos convertirnos en robots hecho en masa para Dios. Cuando lo hacemos, no estamos reconociendo nuestra singularidad como un don de Dios. La verdad es que necesitamos ese don para cumplir las visiones que nos da.

Cuando predico, traigo a un niño moribundo a la casa, o le muestro amor a alguien que interiormente está destruido, siento el agrado de Dios. Me creó para hacer eso.

No me gustaba ir a ningún lugar fuera de Mozambique. Mi lugar favorito era el basurero, y punto. No me importaba si me estaba quedando en un hotel cinco estrellas, el hecho de estar en cualquier lugar fuera de mi rincón en África me perturbaba y entristecía. El polvo no me molesta. Estoy acostumbrada a hacer mis necesidades en huecos en la tierra. Sé cómo arreglármelas para no caerme en las letrinas.

Pero debido a que Dios me está haciendo más y más libre cada día, también he aprendido a ser feliz dondequiera que voy. Siempre y cuando Dios me envíe, decido regocijarme. Al hacer lo que me envía, sueño lo que Él sueña. Voy adondequiera que Él me llama a ir.

Lo animo para que reflexione en el llamado que Dios le ha hecho. No se preocupe por el llamado que ha hecho a otras personas. ¿Qué es lo que usted quiere hacer? ¿En quién quiere convertirse? ¿Por qué quiere que lo conozcan? Si nunca le ha pedido al Espíritu Santo que le hable acerca de estas cosas, lo exhorto para que lo haga en este mismo momento. Nunca será más feliz que cuando conozca el destino único que el amor de Dios ha preparado para su vida.

Ya sea que lo crea o no, la verdad es que usted es un hijo de Dios. Ya sea un ingeniero, un científico, un médico, un siquiatra, una enfermera, un predicador, un arquitecto o un ama de casa, Dios lo ha creado y la ha creado amorosamente para que cumpla un propósito único que lo glorifique. Por tanto, "háganlo todo para la gloria de Dios" (1 Corintios 10:31). Ya sea que Dios lo haya llamado para que vaya a los pobres o a los ricos, a los niños solitarios de su barrio o a los estudiantes de las universidades de Ivy League, nuestro destino es reflejar la luz del Padre en este mundo en una forma que solo nosotros podemos hacerlo.

Si lo echa a perder todo, Él lo recogerá, lo cargará en sus brazos y lo corregirá. Lo abrazará y lo levantará otra vez. Así es cómo Dios se comporta con sus hijos. Bailará con usted. Sonreirá mientras contempla su hermoso rostro. Le dará su amor generosamente hasta que sobreabunde.

Dios le ha dado el poder para cumplir su llamado. Le ha dado a cada uno de sus hijos e hijas una espada (Efesios 6:17). Usted necesita saber cómo empuñar la espada con ambas manos. Puede que sea llamado a rendir su vida, pero en Él tendrá el poder para hacerlo. Habrá temporadas en las que permanecerá volando bajo y temporadas en las que se remontará como el águila. A veces lo esconderá. Otras veces mostrará su poder a través de usted.

Los zapatos que hizo para usted no le servirán a nadie más. Úselos.

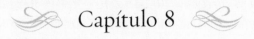

Capítulo 8

La NECESIDAD de la HUMILDAD

> *Entonces dijo María:* —*Mi alma glorifica al Señor, y mi espíritu se regocija en Dios mi Salvador, porque se ha dignado fijarse en su humilde sierva. Desde ahora me llamarán dichosa todas las generaciones, porque el Poderoso ha hecho grandes cosas por mí. ¡Santo es su nombre! De generación en generación se extiende su misericordia a los que le temen. Hizo proezas con su brazo; desbarató las intrigas de los soberbios. De sus tronos derrocó a los poderosos, mientras que ha exaltado a los humildes. A los hambrientos los colmó de bienes, y a los ricos los despidió con las manos vacías.*
>
> —LUCAS 1:46–53

EL REY DE gloria renunció a todo lo que era en el cielo para derramar todo lo que es aquí en la tierra. Dios se vació a sí mismo, dejó el cielo y se hizo vulnerable. La Biblia dice que "por el gozo que le esperaba" (Hebreos 12:2), el Cordero de Dios soportó el precio de su misión, que culminó en la humillación de la cruz. Dejó atrás calles de oro y todo el esplendor del cielo.

Creo que también renunció al conocimiento. ¿Cree usted que Jesús salió del útero sabiéndolo todo y dijo: "Síganme; soy el Hijo de Dios"? No lo creo. El creador del universo eligió vaciarse completamente. Cuando salió del útero, necesitó alimentarse de la leche de su madre. Dependía de ella para todo lo que necesitaba, incluso para su vida. El Hijo de Dios tuvo que aprender a caminar y a hablar. Tuvo que aprender un idioma. Necesitó que aquellos que lo rodeaban le enseñaran las herramientas más básicas de la vida en Judea. Se convirtió en un estudiante. Cuando lo hizo, estaba modelando para nosotros la belleza de la dependencia.

Nuestro Rey nació de una joven mujer en un sucio establo lleno de animales domésticos. Pudiera parecer una forma impropia o desgraciada para que un rey naciera, pero por amor Dios se humilló a sí mismo.

A menudo, cuando salimos a predicar a la parte rural de África, nuestros anfitriones en los pueblos nos asombran con su hospitalidad. Nos dan lo mejor que tienen. Con frecuencia eso significa quedarnos en una cabaña de un solo dormitorio con sus hijos, junto con algunos pollos y tal vez un gallo.

Pareciera que los gallos nunca saben qué hora es. He perdido la cuenta de las veces que me he acostado, lista para dormirme, luego de una larga noche de predicar, solo para escuchar a un gallo confundido, en plena oscuridad, gritar justo al lado de mi oído: "¡Quiquiriquí!".

No crecí en esta clase de ambiente, pero he llegado a comprender un poco la vida en la tierra. Entiendo algunas de las circunstancias en que nació Jesús. Cuando duermo en una choza de barro con dos o tres niños en una cama rústica a mi lado, tratando de ignorar al gallo que me está tocando la cabeza, siento el gozo del Señor. Con frecuencia el techo no tiene suficiente paja. Cuando miro arriba, puedo ver el claro cielo africano, libre de las luces de la ciudad, lleno de estrellas. A esto le llamo mi hotel de un millón de dólares.

El peso de la gloria hace ir más lento

Cuando pasé una semana en Canadá sin poder hablar ni caminar, Dios me enseñó una profunda lección acerca de la dependencia. Me disgustaba ser incapaz de levantarme y moverme como quisiera y no poder hablar y ni siquiera poder ir al baño por mí misma. Mi necesidad extrema de otras personas era muy incómoda e insoportable. Me sentía muy vulnerable. Durante siete días, no pude hacer nada, literalmente, sin la ayuda de algún hermano del cuerpo de Cristo que me sostuviera y me llevara adonde necesitara ir.

Durante ese tiempo sentí que el Señor me decía que siempre me estaba moviendo, pero que ahora era tiempo de parar, estar quieta y descansar. Solo quería que estuviera acostada en el suelo y que dejara que Él me amara. Me sostuvo con el peso de su gloria. Me hizo ir más lento par que no pudiera moverme fuera de su presencia. Me dijo palabras hermosas y me tranquilizó.

Todavía era incómodo estar en el piso sin poder controlar mi cuerpo, pero le respondí: "¡Sí, Señor, me rindo a tu voluntad!". Por supuesto, todavía me quería mover, pero no luché con Dios. A veces tenía mucha sed y alguien que no conocía venía y me traía un vaso de agua.

Dios captó toda mi atención. Me dijo que no podía hacer nada sin Él ni sin su cuerpo. Estaba germinando algo poderoso, haciendo que mi pequeño corazón y visión se expandieran a un punto extraordinario. Creo que estaba haciendo que mi incapacidad se convirtiera en su capacidad. Creo que Dios, por medio de su Espíritu Santo, me cubrió y plantó una nación dentro de mí.

¿Cómo lo hace?

¿Quién puede saberlo?

Él es Dios y hace lo que le place. Usará a cualquiera, incluso a una pequeña mamá como yo. Dios puede usar a cualquiera que esté rendido, que esté enamorado de Él y que diga sí.

Nada es imposible para Dios

Durante aquella conferencia el Señor me habló acerca de dar a luz a cientos de iglesias en mi nación de Mozambique. Era algo difícil de imaginar. Sé que solo soy una simple vasija de barro, pero sentí que el Señor me dijo que estaba dentro de mí y que quería abrirse paso a través de mí.

Tal vez usted está tan perplejo como yo con respecto a algunas de las promesas de Dios, preguntándose cómo fue posible que sucedieran. Pero recuerde lo que sucedió cuando el ángel del Señor le hizo a María la promesa más extraordinaria e increíble de todas. A pesar de la naturaleza imposible de aquella palabra, María decidió creerla. Su fe fue una fe simple, como la de un niño. "Aquí tienes a la sierva del Señor" dijo. "Que él haga conmigo como me has dicho" (Lucas 1:38).

Usted también puede ofrecerle a Dios la misma oración.

Al año siguiente regresé a Toronto para otra conferencia. Regresé con la determinación de buscar a Dios, anhelando una palabra fresca. Ciertamente la necesitaba. El año anterior, justo después que había escuchado a Dios decir "cientos de iglesias", las cosas se habían puesto más difíciles para nosotros. Mi esposo contrajo malaria cerebral. Habían puesto precio a mi vida. (Me dijeron que por veinte dólares). Perdimos nuestra propiedad y estábamos, junto con más de trescientos niños, sin un lugar donde vivir.

Recuerdo que intenté sentarme tranquila para escuchar a los conferencistas. Pero en esa ocasión, cuando vino el Espíritu Santo, ¡terminé parada de cabeza en medio de la iglesia! Literalmente me viró al revés.

Acababa de escribirle una canción a Dios que decía: "Tómame y úsame, golpéame si es necesario, los niños están llorando, la gente está muriendo. Tómame y úsame". Siempre había escuchado que Dios no haría nada contrario a mi voluntad. La gente decía que Dios nunca haría nada que fuera doloroso porque "el Espíritu Santo es un caballero". No estoy tan segura de eso. No es un deseo normal en mí pararme de cabeza frente a varios miles de personas en una iglesia, pero eso fue lo que sucedió. Permanecí así durante una hora. Después de eso mi cuerpo estaba lleno de moretones de pies a cabeza.

Las cosas se pusieron aún peor. Mientras estaba parada de cabeza, un profeta vino y me dijo: "Permiso". Me pregunté por qué alguien se molestaría en decir "permiso" en ese momento, pero continuó: "Dios me habló y me dijo que derramara agua sobre usted. ¿Estará bien si lo hago?"

"Adelante, ¿por qué no?", le dije.

Me vació una gran botella de agua sobre los pies y las piernas. Descendió y me mojó la ropa. En medio de una conferencia llena de gente, ahora estaba parada de cabeza y chorreando agua. Me preguntaba qué pensarían mis antiguos profesores de teología acerca de la forma en la que había decidido utilizar mis diez años de entrenamiento académico.

Mientras estaba allí parada de cabeza, le pregunté a Dios que significaba todo aquello. Sentí que me dijo: "Estoy virando tu ministerio al revés. El apostolado está al revés. ¡Es el lugar más bajo al que puedes ir!"

Justo después de haber regresado a casa luego de esa conferencia, hubo una enorme inundación en Mozambique. En algunos lugares hubo casi cuarenta días y cuarenta noches de lluvia. El agua avanzó y cubrió gran parte del país, incluyendo cientos de pueblos y aldeas. Miles de personas murieron, primero a causa de la inundación y después por el cólera y otras enfermedades como consecuencia de la inundación y finalmente por vivir a la intemperie y por la hambruna.

Pasamos muchas noches sin dormir durante aquel mes. Uno de nuestros centros estaba totalmente cubierto de agua. El personal tuvo que cargar a los niños en hombros hasta un lugar seguro. Durante la evacuación diez de ellos se perdieron y tuvieron que pasar la parte más dura de la inundación en la cima de los árboles.

Hasta donde alcanzaron los recursos, tratamos de rescatar a todas las víctimas de la inundación que nos fue posible. Salíamos en medio del lodo y del agua hasta que nuestros camiones no podían continuar avanzando. Después seguíamos a pie. Los campos de refugiados aparecían por todas partes. Innumerables personas perdieron sus hogares. Algunas organizaciones de ayuda internacional acudieron, pero había más personas hambrientas de las que ellos podían saciar.

Empezamos a alimentar a tantos como nos era posible. Nos esforzábamos lo más que podíamos para alimentarlos con el pan natural y con el espiritual y nos dimos cuenta de que la nación estaba extremadamente hambrienta de Dios. Las personas comenzaron a aceptar a Jesús por cientos y miles.

Muy pronto las Naciones Unidas vinieron y nos

preguntaron cuántos de sus helicópteros queríamos usar. ¡Nos prestaban de cinco a siete helicópteros por día! Los enviábamos con comida y predicadores. Miles de iglesias nacieron mientras las aguas de la inundación todavía estaban crecidas.

En algunos lugares la comida se multiplicó de manera sobrenatural. En una ocasión un barco fletado totalmente lleno de contenedores de comida vino y nos trajo provisiones. No había ningún plan central. Fue una época terrible, pero el fruto positivo que trajo consigo también fue mucho más allá de cualquier cosa que pudiéramos predecir.

Una canción de humildad

Se necesita humildad para alimentar algo que está más allá de su entendimiento y tener gozo en medio de ello. La respuesta de María al mensaje de Dios, la canción que cantó luego de enterarse de lo que Dios le había pedido, puede aligerar nuestro camino. María unió el gozo y la humildad. Estaba deshecha. No buscaba grandeza alguna. Su celebración nació del quebranto. Una parte de ella pudo haber querido huir de esa promesa que era demasiado grande como para comprenderla, pero en vez de eso dijo sí. Su recompensa fue el Hijo de Dios.

María se regocijó en el Señor, pero creo que también Dios le pidió que concediera gracia y misericordia a aquellos que la juzgaban cuando su condición se hizo evidente. En ocasiones soportar la persecución es la forma en que glorificamos a Dios en medio de lo incomprensible y lo milagroso.

Puede que no tengamos suficiente fuerza en nosotros mismos para hacer esto, pero María nos muestra cómo hacerlo de manera sobrenatural. Nos enfocamos en Aquel que es por siempre amoroso. Contemplamos la belleza del Señor y lo adoramos solamente a Él. Entonces Él hará que venga sobre nosotros una fuerza sobrenatural. Nos dará la gracia para pagar el costo con alegría. Nos dará el poder para bendecir a aquellos que nos calumnian. Gracias a Él somos capaces de mostrar misericordia a nuestros enemigos.

También necesitamos un temor santo para llevar a término las promesas de Dios. María cantó: "De generación en generación se extiende su misericordia a los que le temen" (Lucas 1:50). Creo que la esencia de ese temor necesario es que nunca debemos pretender acaparar su gloria para nosotros mismos. ¡Que siempre llevemos su presencia y tengamos dentro de nosotros las promesas del Altísimo, pero que nunca jamás toquemos su gloria!

"Se extiende su misericordia a los que le temen", esa es la respuesta que debemos tener cuando Dios viene sobre nosotros y nos da sus promesas proféticas. Independientemente de cuánto hemos ayunado, sacrificado o sufrido, no podemos vanagloriarnos de lo que hacemos. No producimos nada solos. Sé que no puedo hacer nada sin el Señor y nada sin su cuerpo, pero si me rindo y amo a Aquel que es digno, si temo, confío y tengo fe en Él, su misericordia sobre una vasija de barro como yo será suficiente para permitirme llevar un poco de su gloria a un mundo perdido y moribundo.

No podemos hacer que algo nazca por nosotros mismos. Sin Él nuestros esfuerzos no producen nada espectacular, sin importar cuánto nos esforcemos. Lo único que podemos hacer es responder a las palabras del Padre sobre nuestras vidas. Podemos colocar nuestros corazones en una posición de humildad y hambre. El hambre siempre deleita el corazón de Dios.

Las personas a menudo nos preguntan por qué vemos muchos más milagros entre los pobres que entre las personas ricas y acomodadas del mundo occidental. La respuesta es sencilla: los pobres saben que tienen necesidad. Saben lo que significa estar desesperados y hambrientos y se vuelven a Dios con esa misma hambre y desesperación. Siguen desesperados. Siguen hambrientos. Dios ha exaltado a los humildes y a los hambrientos los colmó de bienes (Lucas 1:52–53).

> Dichosos los que tienen hambre y sed de justicia,
> porque serán saciados.
>
> —MATEO 5:6

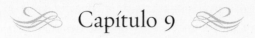

Capítulo 9

¡NO DESISTA!

> Tan pronto como Elisabet oyó el saludo de María, la criatura saltó en su vientre. Entonces Elisabet, llena del Espíritu Santo, exclamó: —¡Bendita tú entre las mujeres, y bendito el hijo que darás a luz! Pero, ¿cómo es esto, que la madre de mi Señor venga a verme? Te digo que tan pronto como llegó a mis oídos la voz de tu saludo, saltó de alegría la criatura que llevo en el vientre. ¡Dichosa tú que has creído, porque lo que el Señor te ha dicho se cumplirá!
>
> —LUCAS 1:41–45

CUANDO DIOS COLOCA una promesa dentro de nosotros tenemos que decidir si la vamos a alimentar y si vamos a creer que se cumplirá. Todas las palabras que Dios me ha dado en mi vida han requerido de paciencia y tenacidad para caminar en ellas. He tenido que hacer elecciones y tomar decisiones que se alineen con sus promesas. Decir sí a Dios no es algo que puedo hacer una vez y luego olvidarme de que lo hice. Tengo que vivir ese sí cada día de mi vida. Tengo que continuar alimentando lo que está creciendo dentro de mí.

Cuando el Señor me dijo que sería una ministra, no

me desperté al siguiente día en una iglesia nueva en el extranjero. Tuve que comprar el pasaje, subir al avión e ir a predicar en los barrios marginales. Cuando el Señor me dijo que obtendría un título universitario, nadie me lo envió por correo. Tuve que hacer la solicitud, estudiar durante cuatro años, escribir una tesis y pasar muchos exámenes difíciles.

Alimente a su bebé con buena comida

Caminar en las promesas de Dios significa tomar decisiones prácticas. María recibió una promesa sobrenatural pero, no obstante, tuvo que cuidar a su bebé. El bebé que estaba creciendo dentro de ella necesitaba de su amoroso cuidado para desarrollarse. Para empezar, necesitaba descansar, comer bien y cuidar de sí misma.

Si una madre quiere tener un bebé saludable, come lo que es bueno para ella y para su hijo. De la misma manera, tenemos que ser cuidadosos para no matar o dañar nuestras promesas con "comida" mala: las actitudes negativas, la crítica, la traición, la incredulidad o la intranquilidad. Estas cosas no le harán bien a su "bebé". Necesitamos alimentar aquello que Dios pone dentro de nosotros con el tipo de comida adecuado.

Lo más importante, todos nosotros necesitamos pasar tiempo en el lugar secreto. La oración. Las Escrituras y el cuerpo de Dios nos alimentan. Puede que su bebé necesite otra comida más específica. Por ejemplo, si Dios lo ha llamado a ser un evangelista con el don de sanidad, puede que necesite leer acerca de grandes evangelistas del pasado que tuvieron el don de sanidad. Puede que necesite encontrar un mentor con un don de sanidad especial. Puede que necesite mudarse a un lugar donde pueda aprender más y practicar.

Lo que sea que necesite, coma comida que haga que su bebé crezca.

Avance hacia la promesa

Durante muchos años anhelé ver milagros de sanidad, que los ciegos vieran, los sordos escucharan, los mudos hablaran y los paralíticos caminaran. Estaba viviendo en los barrios marginales y trabajando con las personas más pobres que podía encontrar, de modo que con frecuencia veía esos tipos de dolencia. Tenía el corazón quebrantado por ellos.

Con el tiempo recibí una promesa de parte del Señor de que los ciegos *verían* y de que mi nación *sería transformada*. Un año después me mantuve orando por todos los ciegos que encontraba.

Ninguno recibió la vista.

Pero no me di por vencida. Sabía que el Espíritu de Dios había venido sobre mí para este propósito. Tenía fe. También mi esposo y mis niños. Seguí buscando más y más personas ciegas. Les pedía que pasaran adelante en todas las reuniones. Si veía a alguno por el camino, paraba el carro y colocaba las manos sobre ellos. Casi todos aquellos por los que oré recibieron a Jesús como Salvador, pero durante mucho tiempo ninguno de ellos recuperó la visión.

Y entonces un día, comenzó a suceder.

Estaba en una oscura iglesia hecha de barro en el centro de Mozambique, con mis manos colocadas sobre una señora ciega. Tenía los ojos nublados y el iris y las pupilas totalmente blancos. De repente, mientras estaba orando por ella, cayó al suelo. Observé cómo los ojos se le cambiaban de blanco a gris y luego a un color café oscuro y brillante. Luego de tantos años de espera, de lágrimas y de intentos, fui testigo de lo que había anhelado. ¡La mujer pudo ver!

Con un gozo indescriptible, le pregunté: "¿Cómo se llama?".

Respondió: "Mamá Aida".

"¡Mi nombre también es Mamá Aida!" exclamé. (La versión portuguesa del nombre *Heidi* es *Aida*, así que de esa forma me llaman en mi hogar en Mozambique). Había alrededor de cuarenta personas en la iglesia. Muy pronto todos empezaron a gritar y a exclamar: "¡Mamá Aida puede ver!".

Aquella noche fuimos a otra iglesia hecha de barro en un pueblo cercano. Trajeron a una anciana que había estado ciega desde que tenía ocho años. Oré por ella, llorando mientras la sostenía. Entonces me interrumpió y gritó: "¡Usted está usando una blusa negra!".

Sus ojos se habían abierto.

Salimos y una multitud comenzó a aglomerarse alrededor de ella. Muy pronto el pueblo se llenó de gente gritando, corriendo y bailando. ¡Sucede que su nombre también era Mamá Aida! Esto era muy extraño. Durante dos días seguidos otro pueblo se llenaba de gritos de "¡Mamá Aida puede ver! ¡Mamá Aida puede ver!"

Al día siguiente fuimos a otro pueblo más en un lugar llamado Chimou. En esta ocasión vino una gran multitud. Como era mi costumbre, después de predicar pedí que me trajeran a los ciegos, a los sordos y a los discapacitados. Un joven vestido con harapos trajo hasta mí a una mujer ciega a través de la multitud. Era una anciana, como las dos mujeres anteriores.

Oramos. La presencia de Dios vino. La mujer cayó al suelo al recibir el toque del Espíritu y comenzó a gritar: "¡Puedo ver! ¡Puedo ver!".

Tal como había sucedido antes, la multitud comenzó a gritar emocionada. La noticia se esparció tan rápido como las personas alcanzaban a gritar. Para ese entonces ya casi tenía miedo de preguntarle el nombre.

"Aida", dijo.

¡En tres días esta era la tercera mujer ciega con mi mismo nombre que había recibido la vista!

Cuando le pregunté a Jesús lo que esto significaba, pensaba que me diría algún cumplido. Tal vez me diría que estaba recibiendo mi unción para hacer milagros de sanidad. Tal vez había recibido el manto de alguna famosa y ungida evangelista con el don de sanidad, como Kathryn Kuhlman o Aimee Semple McPherson.

Lo que en realidad sentí de parte del Señor me impactó. ¡Sentí que me dijo que yo estaba ciega!

No me gustó oír aquello. Asombrada, le dije a Dios: "¡Pero soy una ministra! ¡He estado hablando de Jesús desde que tenía dieciséis años y vivo con los pobres!".

Dos veces más sentí que el Señor me decía que estaba ciega.

Me derrumbé. Me cubrí el rostro con las manos y lloré. Le rogué a Dios que me abriera los ojos y me permitiera ver.

Lo hizo. En mi espíritu, de repente vi la novia de Cristo del mundo occidental y la del mundo oriental, innumerables iglesias muy ricas que están, en realidad, bastante malnutridas. Vi a muchos, muchos hijos del Padre tratando de vivir de unas pocas migajas que caen de su mesa cada día. Aunque han sido llamados a saciarse en el reino de gloria celestial, no se dan cuenta de lo que tienen. Tienen servido delante de ellos un banquete increíble, pero permanecen al borde de la hambruna. Vi personas vestidas con ropas muy caras en el exterior, pero en su interior estaban usando harapos. Vi una multitud secreta de hambrientos, pobres y desnudos.

Creo que Jesús me estaba preguntando: "¿Acaso no los amarás a ellos también?".

Continúe diciendo sí

No sabía exactamente lo que eso significaba para mi propia vida, pero no mucho tiempo después de aquello el Señor vino sobre mí una vez más. Me habló acerca de viajar.

Durante dieciocho años casi no había hablado en el mundo occidental. Me sentía feliz escondida en los barrios marginales y en los basureros, aprendiendo acerca del reino de los drogadictos y de los niños pobres. Para ser honesta, no me interesaba mucho la iglesia del mundo occidental. Todo lo que quería hacer era estar con los pobres, sentarme con ellos, abrazarlos y ser su amiga. Me sentía feliz viviendo con mis niños y niñas y trayendo a más cada semana a nuestro hogar. No quería ser una ministra itinerante. No tenía ninguna ambición de hablar en conferencias.

Cierto día, no mucho después de la sanidad de las tres Mamá Aida, estaba postrada en el patio de mi casa, adorando. Algunos de los niños habían colocado sus manos sobre mí en oración. Mientras oraban, escuché que el Señor me decía que debía dar un tercio de mi tiempo a ministrar en las naciones del primer mundo.

Empecé a llorar. No quería ir. Me era difícil imaginar que tenía que dejar a mis niños, aunque solo fuera durante un tercio de mi tiempo. Entonces sentí que el Señor me recordó Juan 14:15: "Si ustedes me aman, obedecerán mis mandamientos".

"Señor", lloré, "haré cualquier cosa que quieras".

Más tarde ese día abrí mi computadora y encontré la bandeja de entrada llena de mensajes recién llegados invitándome a ministrar en muchos países diferentes, algunos de los cuales nunca había visitado. Todas eran naciones poderosas.

Había pasado mucho tiempo sin trabajar con nadie más que no fueran los más pobres de entre los pobres. No había ministrado en el mundo occidental durante muchos años. La única iglesia estadounidense en la que había pasado algún tiempo estaba en Fairbanks, Alaska. Había ido allí para descansar y recuperarme durante un invierno que me enfermé tan seriamente que estuve cuatro meses en cama. Por lo demás, hasta ese momento se podría decir que me había negado a interesarme por las iglesias más ricas del mundo. Ahora el Señor me estaba abriendo los ojos y mostrándome que quería alimentar con pan fresco del cielo a las personas de todo tipo, tanto del mundo oriental como del occidental. Quería que les pusiera un bálsamo en los ojos para que ellos también pudieran ver con claridad.

Comencé a viajar durante un tercio del año. Fui obediente, pero durante mucho tiempo no lo disfruté. A menudo decía que odiaba las conferencias. Cuando salía de Mozambique, extrañaba a mis niños a cada momento del día. Mientras estaba sentada en elegantes hoteles, anhelaba estar con los pobres en el suelo. La nostalgia me embargaba todo el tiempo.

Un día el Señor me amonestó gentilmente. Me dijo que estaba contento porque había obedecido, pero que también quería que sintiera gozo mientras hacía la obra. Esto impactó mi corazón grandemente.

Estaba en Ucrania cuando el Señor comenzó a enseñarme cómo hacer lo que me estaba pidiendo. Sentí que me dijo que "mirara a la persona que tenía al frente". En aquel momento estaba abrazando a una señora ucraniana y, de repente, para asombro mío, sentí por aquella mujer el mismo amor que sentía por mis niños mozambiqueños.

Muy pronto después de eso estaba abrazando a un joven israelita en Jerusalén y orando por él. De repente sentí el profundo peso del afecto de Dios por la nación y por el pueblo de aquel joven. Me sorprendí a mí misma pensando que, si tuviera que hacerlo, con gusto pasaría penurias por ellos. Allí mismo literalmente sentí el deseo de entregar mi vida por aquel joven judío.

Más y más cada día comencé a ver realmente a la persona que Dios colocaba frente a mí y luego al otro y al otro y al otro. Dios me enseñó a hacer esto mientras estaba en naciones más ricas, así como había aprendido a hacerlo en las más pobres. A partir de ese momento comencé a hallar placer en mis viajes.

Desde entonces he volado más de dos millones de millas. Me he acostumbrado a dormir en habitaciones de hoteles diferentes cada noche y a cambiar de zonas horarias en unos pocos días. Cuando Dios me abrió los ojos, vi que las zonas prósperas del mundo oriental y occidental también están llenas de personas hambrientas y desesperadas. Debido a lo que me mostró, dije sí a subirme en una sucesión permanente de aviones. Dije sí a dejar a mis niños atrás una y otra vez. Por el gozo que me espera, digo sí cada día al costo de las promesas que Dios está dando a luz a través de mí.

También puedo decir confiadamente que viajar alrededor del mundo se ha convertido en uno de mis más grandes placeres, a pesar de que hace no mucho tiempo me parecía uno de mis más grandes sacrificios. Es un privilegio para mí ver a personas a lo largo de todo el planeta rendir sus vidas a Jesús en el altar y decir: "¡Yo iré, sin importar lo que me cueste! ¡Correré hacia mi destino y llevaré el amor de Dios a este mundo perdido y moribundo!".

No importa cómo luzca

María tuvo que esperar nueve meses hasta que naciera su promesa. A veces tenemos que esperar años para ver suceder lo que el Señor ha dicho. Durante aquellos nueve meses María llevó sola su promesa. Otros estaban intercediendo en el templo, pero nadie más tenía a su bebé dentro del vientre; nadie más sentía literalmente el peso de aquel bebé cada día. María tuvo que hacer un largo viaje hasta Belén y, después de haber sido rechazada en todos los alojamientos decentes de la ciudad, tuvo que dar a luz a su bebé en un establo. Estaba oscuro, había animales alrededor, no olía muy bien y solo José estaba ahí para ayudarla. Y luego vino el dolor del alumbramiento en sí mismo. No era una forma muy glamorosa de ver el cumplimiento de su promesa.

Hay momentos en los que sentimos el peso de las promesas que Dios ha colocado dentro de nosotros, pero no vemos nada. Solo experimentamos un largo viaje y un establo sucio y maloliente. Tal vez nadie nos está alentando o animando en nuestra fe; puede que incluso nos sintamos incómodos en la presencia de otros. Cuando oraba por un ciego tras otro y ninguno se sanaba, pude haber mirado mis circunstancias y haberme sentido avergonzada o confundida, en especial frente a mis amigos. Pude haber desistido y dejado de orar, pero me habría perdido la victoria.

En estas temporadas de espera decidimos colocar nuestros ojos en Aquel que es digno, fijar nuestros ojos en Él y quitarlos de las circunstancias cambiantes, duras y difíciles, y fijar nuestros ojos en Aquel que es glorioso. La

forma en que vemos las cosas es importante; es importante
lo que llevamos; es importante cómo vemos el mundo. Es
importante que nos enfoquemos en Aquel que es digno y
que no nos enfoquemos en lo que todavía no hemos visto.
Usted elige cómo ve las cosas. Usted elige cómo las asume.
Enfóquese en el hermoso rostro de Jesús independientemente de lo que esté sucediendo a su alrededor y continúe
creyendo cada promesa que ha colocado en su corazón.

Capítulo 10

CREA *lo* IMPOSIBLE

—¿Cómo podrá suceder esto —le preguntó María al ángel—, puesto que soy virgen? —El Espíritu Santo vendrá sobre ti, y el poder del Altísimo te cubrirá con su sombra. Así que al santo niño que va a nacer lo llamarán Hijo de Dios. También tu parienta Elisabet va a tener un hijo en su vejez; de hecho, la que decían que era estéril ya está en el sexto mes de embarazo. Porque para Dios no hay nada imposible. —Aquí tienes a la sierva del Señor —contestó María—. Que él haga conmigo como me has dicho.

—LUCAS 1:34–38

L O PRIMERO QUE dijo María cuando escuchó la promesa fue: "¿Cómo podrá suceder esto, puesto que soy virgen?". No existía una forma natural para que su promesa se hiciera realidad. Los escritos judíos no le daban ningún punto de referencia para lo que estaba sucediendo. Tuvo que haber parecido algo totalmente imposible.

Así es como lucen con frecuencia las promesas que nos da el Señor: ¡total y absolutamente imposibles! Si su promesa no parece imposible, es probable que no venga de Dios.

¿Qué ha soplado Dios sobre usted? ¿Cómo son sus promesas? Si las puede llevar a cabo con su propio esfuerzo y habilidad, no necesitaban ser sobrenaturales. Tiene que ser algo sobrenatural para que sea de Dios. Eso es lo que Él es, amor sobrenatural manifestado. Por sí mismo usted no puede producir lo que Dios quiere hacer nacer en usted y a través de usted. Dios no está en busca de habilidades espectaculares. Está en busca de corazones entregados y vidas rendidas.

El nacimiento de lo sobrenatural

Hablando en el plano natural, soy totalmente inadecuada para la clase de trabajo que hago. Soy una mujer de Laguna Beach, una zona próspera de California. Con respecto a Mozambique, tengo el color y el género equivocado, tengo una procedencia socioeconómica equivocada y la formación académica equivocada.

En cierta ocasión le dije a Dios cuán inadecuada pensaba que era. Sentí que me dijo que eso era precisamente lo que le permitiría a Él hacer nacer algo *sobrenatural* a través de mí.

Dios nos hace adecuados para las tareas que nos pide. Está buscando a aquellos que simplemente permanecen dispuestos a entregar todo lo que son, personas que anhelan que el Espíritu Santo los posea totalmente.

Cuando el Señor nos llamó a la tribu makua en Mozambique, no había nada que pudiéramos hacer para lograr que esa tribu amara a Jesús. No podíamos idear cierta clase de plan realista para que eso sucediera. Al principio parecía como si no quisieran conocer a Jesús. Eso pudo haber sido desalentador para nosotros, pero creímos que Dios había declarado que ese era su tiempo de visitación. Sabíamos que lo conocerían y lo aceptarían por lo que solamente Él podía hacer.

Un tiempo antes de mudarnos a la ciudad norteña de Pemba, Rolland nos llevó hasta allí en nuestro pequeño avión de seis asientos para visitar el lugar. Queríamos ver adónde el Señor nos había pedido que nos mudáramos. A medida que explorábamos Pemba y las zonas aledañas por primera vez, nos quedamos boquiabiertos de que otra vez Dios nos pidiera que fuéramos a un lugar polvoriento en medio de la nada a comenzar de cero. Había muy pocos negocios. La electricidad y el agua eran escasas. No había acceso a la internet, lo que era extremadamente desafiante porque manejamos la mayor parte de nuestra administración vía correo electrónico. No teníamos los recursos financieros para iniciar una nueva base. No teníamos un lugar donde vivir.

Pemba está junto al océano y es increíblemente hermosa, aunque la mayoría de las personas son extremadamente pobres. Esta belleza puede parecerle algo bueno a la mayoría de las personas, pero cuando yo vi lo encantadora que era, casi decidí que no podía vivir allí. Durante mucho tiempo mi identidad había estado en los barrios marginales, en los basureros y en los callejones. Pensaba que podía servir mejor a Dios si me quedaba en los lugares feos a los que nadie quería ir. Cuando le dije esto al Señor, estoy segura de haberlo escuchado reírse de mí. Me recordó que las personas que viven en lugares hermosos también pueden estar perdidas y hambrientas.

La primera vez que prediqué el evangelio en Pemba fue en frente de una tienda de artesanías locales. Creo que la única razón por la que algunos se quedaron para escucharme fue porque tenían la esperanza de venderme algunas de sus cosas. No importaba. Dios es fiel. Luego de compartir acerca de la vida, la muerte y la resurrección de Jesucristo, tuvimos a los primeros miembros de nuestra congregación norteña, Mohammed, Omar, Ismael y Amadi. Ellos y algunos más entregaron sus vidas al Señor Jesús allí en ese mismo instante.

Poco tiempo después decidimos hacer algo más grande en los suburbios de Pemba. Mientras caía la noche, instalamos nuestro equipo de sonido, con nuestro pequeño generador para hacerlo funcionar. Algunos de nuestros amigos mozambiqueños que habían venido con nosotros desde el sur comenzaron a tocar los tambores y a cantar.

Una multitud apareció, pero por algún rato las cosas no funcionaron bien. Un predicador muy conocido había venido a visitarnos y estaba haciendo su mejor esfuerzo para predicar un sermón impactante. Nadie parecía prestar mucha atención. En uno y otro lugar se armaban riñas. Después de un rato las personas comenzaron a lanzarnos piedras y arena. El servicio se estaba volviendo cada vez más peligroso. A medida que la situación se agravó, Dios me recordó lo que había dicho: *Ve y busca a mi novia makua.*

Cuando clamé al Señor preguntándole qué debía hacer, sentí que me llevaba a hacer un llamado al altar a las personas endemoniadas. Al considerar la multitud, cuya gran mayoría practicaba otra clase de fe, mezclada con las tradiciones locales de brujería, aquello no me parecía un buen plan. Pero lo hice de todas formas. En mi experiencia, cuando el Espíritu Santo viene sobre alguien, esa persona hace cosas extrañas.

Pregunté a la multitud si quería ver el poder de Dios y luego invité a todos los que sufrían aflicciones demoniacas a pasar al frente. Para mi sorpresa, alrededor de treinta personas se acercaron de inmediato. A medida que pasaban por entre la multitud, empezaron a retorcerse, a gruñir y a manifestar espíritus demoniacos. No estábamos en un edificio. Estábamos parados en el polvo, encima de bloques de cemento rotos. No estaba segura de qué hacer. Había orado antes por personas endemoniadas, pero nunca había visto a nadie hacer un llamado al altar a los endemoniados.

Pidiendo ayuda a Dios, me retiré un poco de la fila de endemoniados y los observé. Estaban claramente poseídos. Era feo. No eran cristianos, pero todos sabían que tenían demonios y verdaderamente querían librarse de ellos.

Todo el mundo en esa parte de África sabe algo acerca de los espíritus malvados. Ahora la multitud estaba interesada. Contemplaban ansiosos la escena.

Finalmente hice la única cosa que parecía obvia. En voz alta ordené a todos los demonios que salieran en el nombre de Jesús. Las treinta personas cayeron al suelo inmediatamente. Dondequiera que caían, se quedaban pegadas al cemento. No podían hacer nada.

Caminé a lo largo de la fila y los levanté uno a uno, preguntándole a cada uno qué había pasado. Todo lo que podían decirme era que ahora se sentían mucho mejor. Todos a excepción de dos habían dejado de tener manifestaciones demoniacas. Les dije a esos dos que esperaran a un lado de la fila para orar por ellos otra vez. Durante la segunda oración ambos cayeron al suelo otra vez. Todas las personas que se habían acercado para recibir liberación ahora eran libres.

Entonces le pregunté a la multitud: "¿Quién quiere a Jesús?".

Muchos gritaron: "¡Nosotros!". Todos se arrodillaron en la tierra y oraron para recibirlo. Aquel se convirtió en el lugar de nuestra primera iglesia en la provincia de Cabo Delgado.

Durante los siguientes dos años y medio plantamos doscientas iglesias más entre los makua. En el momento en que estoy escribiendo esto, diez años después, más de dos mil iglesias han florecido en Cabo Delgado.

Busque un bote más grande

Hace algunos años el Señor me inquietó para que alcanzara a las personas que vivían en los lugares más alejados en Cabo Delgado, aquellas que vivían en pueblos costeros dispersos a lo largo de las muchas islas y ensenadas de la región. A la mayoría de ellos no se puede llegar por carretera. Nunca habían escuchado del evangelio. Tan pronto como supe de la existencia de estos pueblos, comencé a interceder por ellos diariamente, pensando cómo llegaría hasta ellos.

Algún tiempo después estaba predicando en Nueva Zelanda y decidí ir y comprar una buena mochila para usarla en mis predicaciones al aire libre. Cuando entré a la tienda de artículos deportivos, me llamó la atención un kayak de colores brillantes que estaba en la vidriera. Entonces se me ocurrió una idea fantástica: ¿Y si simplemente pudiera remar hasta llegar a esos pueblos?

Al instante compré el kayak. Hay que empezar por algo.

Cuando el kayak llegó a Mozambique, traté de remar hasta el pueblo costero más cercano en la bahía de Pemba. Atravesé dos playas pero me cansé demasiado como para continuar. Me preguntaba si debía comenzar a entrenar seriamente.

Me estaba preparando para intentarlo una vez más, pero cuando oré por el viaje, sentí que Dios me dijo que esperara hasta que pudiéramos comprar un bote más grande. ¡Buen plan! Investigamos un poco. Muy pronto Iris Global pudo comprar una modesta embarcación de veintiséis pies.

El primer lugar al que la llevamos fue a un pueblo llamado Londo. Anclamos nuestra embarcación cerca de la orilla y continuamos en un bote inflable. Nuestro bote inflable estaba viejo y maltratado y tenía huecos tapados con cinta adhesiva, pero resultó lo suficientemente fuerte como para llevarnos hasta la playa.

Cuando el pastor José, Dilo y yo llegamos al pueblo, preguntamos quién conocía al jefe. En Mozambique uno no puede entrar a un pueblo sin tener el permiso del jefe. Nos dijeron que había ido a un largo viaje de pesca, pero que el segundo al mando hablaría con nosotros. Subimos una montaña llena de lodo y encontramos a esta persona en una vieja carpintería. Parecía la clase de lugar que Jesús hubiera disfrutado.

El hombre nos dio permiso para hablar con las personas del pueblo, quienes se reunieron lentamente a nuestro alrededor a medida que comenzamos a cantar himnos en el dialecto makua. Cuando la mayoría de los habitantes del pueblo habían llegado, les contamos acerca del hombre llamado Jesús que curaba enfermos, que sacaba espíritus demoniacos y que los amaba incondicionalmente. Dijeron que les gustaría conocerlo. De hecho, querían que trajéramos a Jesús con nosotros la próxima vez que los visitáramos.

Les conté acerca de cómo Jesús había muerto para llevar nuestros pecados y que luego había resucitado. Les conté que ahora Jesús vive dentro de mi corazón, en los corazones de José y Dilo y en el de todos los que estaban dispuestos a creer.

Les pusimos una grabación del evangelio de Juan en makua. Hicieron muchas preguntas. Antes de que el sol se pusiera, todos habían invitado a Jesús a vivir en sus corazones.

Adultos y niños nos siguieron a mis amigos y a mí hasta la orilla. Nos pidieron que regresáramos tan pronto como pudiéramos para contarles más.

En el camino a casa uno de los motores de la embarcación se dañó. Llegamos a casa a paso de tortuga y el arreglo del motor demoró seis semanas y requirió algunos envíos de piezas desde Canadá y la ayuda de un mecánico filipino.

Cuando por fin regresamos, los habitantes del pueblo vieron la embarcación que se aproximaba en la distancia. Formaron una fila en la orilla, cantando y bailando. Estaban citando pasajes de las Escrituras y cantando canciones que habían memorizado de las Biblias en audio que les habíamos dejado y que funcionaban con energía solar. Después de eso continuamos regresando al pueblo de Londo tan a menudo como nos era posible.

Una noche se levantó una fiera tormenta justo cuando estábamos llegando. Saltamos a nuestro bote inflable y las olas comenzaron a llevarnos a la deriva. Antes de llegar a la orilla, temíamos por nuestra vida. Estábamos empapados. Como era costumbre, los habitantes del pueblo nos estaban esperando en la arena. Estaban especialmente emocionados de vernos en aquella ocasión. Querían mostrarme mi nueva casa. Me habían hecho una nueva y fabulosa choza de barro en una colina cerca de la iglesia y de la escuela que les habíamos ayudado a construir.

Su regalo era asombroso. Mientras los abrazaba y me reía, recibí una llamada del capitán del bote. Estaba gritando algo sobre el bote, que se estaba hundiendo.

—¡No! ¡Ahora no! —grité por la radio. Estaba ocupada disfrutando de mi choza.

—¡Puede que no lo quiera escuchar, pero nos estamos hundiendo! —respondió gritando el capitán.

No había otra opción que no fuera un bote de Pemba que viniera y nos rescatara. Desgraciadamente nuestro capitán no tenía experiencia y el capitán del bote de rescate estaba borracho. Nuestro capitán disparó su única luz de emergencia al agua. Los rescatadores necesitaron horas para encontrar nuestra embarcación. El clima estaba empeorando y la tripulación del bote de rescate estaba furiosa. Recogieron a las personas que estaban en nuestro bote y nos dejaron a mí, a José, a Dilo y a Mario. No estaban de humor para ir a buscarnos a la orilla.

Los pobladores se encogieron de hombros y nos hicieron una fogata. Me reí de mí misma mientras pensaba en las peripecias que había pasado el apóstol Pablo. ¿Apedreado? Hecho. ¿Golpeado? Hecho. ¿Encarcelado? Hecho. ¿Hambriento y con frío? Hecho. Naufragado. ¡Hecho!

En eso recordé Hechos 28 e hice una oración rápida para atar en el nombre de Jesús a cualquier serpiente que estuviera alrededor del fuego.

Antes de ir a la cama, subí a la colina más alta del pueblo, esperando encontrar señal para el teléfono celular desde el otro lado de la bahía en Pemba. Apareció una barra. En los pocos minutos antes de quedarme sin batería, escribí un mensaje de texto a un equipo de intercesores en nuestra base, pidiéndoles que oraran por un milagro. Esa es la clase de apoyo más importante que se necesita. Si sus sueños provienen de Dios, siempre necesitarán la intercesión. Las personas de oración, como las parteras, ayudan a dar a luz a las promesas milagrosas en su vida. Harán que los obstáculos que enfrente sean más tolerables.

Me fui a dormir en una habitación de mi choza de barro, con José, Dilo y Mario en la otra. Alrededor de las tres de la mañana, me desperté al escuchar unos gritos horrorosos. Salí corriendo de mi habitación y encontré a mis tres hermanos cubiertos de hormigas bravas. Debí haber atado a esas también.

En el pueblo no había electricidad y nuestras linternas no funcionaban. Los saqué afuera y traté de quitarles todas las hormigas que tenían en sus hinchados brazos y piernas a la luz de la luna. Sentían mucho dolor.

Tal vez fuimos ingenuos al querer dormir después de aquello.

Antes de que el primer gallo cantara todo el pueblo rodeó nuestra choza, cuando todavía no aparecían los primeros destellos del amanecer. Empezaron a cantar. Estaban acostumbrados a levantarse temprano y ahora se sentían emocionados con la idea de que viniéramos y dedicáramos su nueva iglesia.

Estábamos extremadamente agotados. Nos levantamos y fuimos dando tumbos hasta la nueva iglesia mientras los pobladores danzaban a nuestro alrededor. Estábamos demasiado cansados para siquiera detenernos en la letrina. Con los ojos borrosos y las piernas y brazos hinchados por las picadas de las hormigas, dedicamos a Jesús la iglesia y la escuela con toda la fuerza y el entusiasmo que teníamos. Dilo, José y yo predicamos hasta que estuvimos seguros de que habíamos compartido todo lo que el Señor nos había dado. Para ese entonces ya era de mañana. Estaba empezando a calentar. Desistimos de la idea de dormir y decidimos que debíamos tratar de encontrar una vía para regresar a Pemba.

El capitán borracho que había rescatado a nuestro equipo la noche anterior nunca regresó por nosotros. Pedimos prestada una canoa local y remamos hasta nuestro bote medio sumergido. Esperábamos poder usar la radio, pero los motores estaban bajo el agua y los equipos electrónicos no funcionaban. Tuvimos que regresar a la orilla y cambiar la canoa por nuestro maltratado bote. Mario prendió el pequeño motor del bote. Sabiendo que sería un viaje largo, nos dirigimos mar afuera hacia Pemba.

Resultó que habíamos cometido un gran error. El bote no era totalmente impermeable. Muy pronto estábamos con el agua a la rodilla. Pensábamos que estábamos preparados, Dilo, José, Mario y yo teníamos puestos los chalecos salvavidas y contábamos con algunos silbatos y botellas de agua fresca, pero a medida que el agua continuó subiendo, nos dimos cuenta de que estábamos en un grave problema. Los chalecos salvavidas no nos salvarían si la corriente nos empujaba mar afuera. En gran necesidad, oramos para que Dios enviara a alguien que nos rescatara.

La esposa del pastor José tenía en aquel entonces nueve meses de embarazo. Durante los últimos diez años José había orado por un hijo. Su esposa Albertina había sido estéril, pero el año anterior todos habíamos ayunado por ella y ahora su bebé estaba a punto de nacer. Había llevado su promesa casi a término. Con el agua hasta la rodilla, José clamó: "¡Solo quiero ver a mi hijo nacer!"

José no sabía nadar. Siempre se ponía nervioso cuando subía al bote. Pero de todas formas lo hacía. Quería contar acerca del evangelio a tantas personas como le fuera posible. Decía que haría cualquier cosa por Jesús. Ahora lo probaría.

Dilo, mi hijo adoptivo que había recogido de la calle muchos años atrás, soñaba con comida. Solo hablaba de lo muerto de hambre que estaba.

Mario, nuestro capitán asistente, no tenía ningún sueño del cual hablar.

Una de las visiones que Dios me había dado acerca de

mi vida era que predicaría el evangelio en universidades alrededor del mundo. Pensaba en ese sueño mientras el bote se hundía. Al día siguiente debía volar a Oxford, Inglaterra, para hablar en un evento llamado Amo a Oxford.

¿Cómo daría a luz a mi promesa?

Vimos un pequeño barco en la distancia. A medida que se aproximaba, nos dimos cuenta de que era un viejo bote de pescadores cubierto de estiércol de aves. Silbábamos incesantemente y agitábamos los brazos. Se acercó hasta nosotros y vimos que la persona que lo manejaba era un anciano. Se ofreció para llevarnos hasta Pemba por un precio exorbitante. Era un buen negociante.

Me enfureció el hecho de que tratara de sacar ventaja de nosotros, que estábamos con el agua a la cintura. Le dije que nunca le pagaría tanto. Aceleró el motor, dispuesto a dejarnos allí.

Mis hermanos empezaron a reír y a llorar. Suplicaron y oraron a gritos para que Dios me diera cerebro. Me di cuenta de que tenía que llamar de vuelta a nuestro rescatador y darle todo lo que quisiera. Pagaría cualquier precio para ver las promesas de Dios nacer en nuestras vidas, para llevar el amor de Jesús a las personas que vivían en los lugares más recónditos, a las universidades más prestigiosas, a los perdidos, los quebrantados y los moribundos. Pagaría lo que fuera para ver un movimiento poderoso de amantes radicales y rendidos surgir en cada rincón de la tierra. Supuse que podía pagar ese precio también.

Después de acordar que le daríamos una pequeña fortuna, subimos al bote del pescador y tratamos de encontrar un espacio para sentarnos. No había mucho espacio en aquel viejo bote, pero para nosotros era simplemente maravilloso.

Dejamos atrás el bote inflable, para nunca verlo de nuevo.

Sin embargo, después de haber avanzado un pequeño tramo, el motor del bote se fundió.

Nos morimos de la risa primero. Luego empezamos a llorar. Nuestro rescatador nos dijo que su motor nunca antes había tenido problemas. Por tanto, no teníamos remos. Le dijimos que entendíamos. Estábamos bastante seguros de que aquello tenía que ver con nosotros.

Las olas comenzaron a empujar el impotente bote del pescador hacia un conjunto escarpado de rocas negras que sobresalían en el agua. Parecía que iba a haber otro naufragio. Oramos intensamente en el Espíritu. Oramos por nuestras vidas y por las promesas milagrosas que Dios había colocado dentro de nosotros. Yo tenía que ir y predicar en Oxford. El pastor José tenía que ver a su hijo nacer. Dilo tenía que comer. Mario no tenía ningún interés en particular.

Uno nunca sabe lo que Dios hará

Todo parecía perdido una vez más cuando en la distancia observamos a otro bote pescador. Solo tenía espacio para seis personas. Soplamos nuestros silbatos con toda la fuerza que teníamos. Los pescadores nos vieron y vinieron hacia nosotros.

Lo primero que noté fue que los pescadores estaban desnudos. No esperaban encontrar a nadie más en el océano aquel día.

Tapándome los ojos, pregunté cuánto nos costaría un rescate.

"¡Nada!". se rieron. "¡Van a morir si no los rescatamos!".

En ese mismo instante uno de ellos saltó al océano y comenzó a dirigirse hacia la orilla. Era un potente nadador, pero al principio no tuve la menor idea de por qué se había lanzado al agua. Mientras nadaba hacia la orilla, otro pescador ayudó a nuestro anterior rescatador y lo puso a salvo.

El pescador que había saltado del bote regresó nadando con shorts para él y para los otros cinco pescadores. Se cubrieron y nos ayudaron a subir al bote. En mi vida me han honrado de muchas maneras. Me han llevado a hoteles siete estrellas. Me han invitado a banquetes extraordinarios. A veces he volado en aviones y helicópteros privados. Sin embargo, nunca me habían honrado tanto como en aquel momento.

José, que no sabía nadar, se cayó al océano mientras lo cruzaban. Durante algunos minutos estuvo chapoteando en el agua con su chaleco anaranjado, gritando. Nuestros nuevos amigos lo sacaron del agua. A medida que caminaba tambaleándose entre los bancos, muy feliz de estar vivo, me di cuenta de que el piso del bote estaba cubierto de pescado. Entonces el Señor me habló del pasaje que aparece en Ezequiel 47 acerca del precio de la cosecha y del gran número de peces que todavía había que pescar.

Ahora había cinco personas extra en un bote para seis personas. Nuestro bote se tambaleaba en el agua, amenazando con echarnos al mar. Justo cuando pensábamos que íbamos a hundirnos, escuchamos a los seis hombres coreando algo juntos. Estaban elevando una vela harapienta: "¡Jo, jo, jo!".

La vela se elevó. Nos encaminamos en la dirección del viento. Nos impulsó y comenzamos a atravesar rápidamente la bahía. El día se estaba acabando. Mientras nos dirigíamos a casa, vi lo que me pareció el atardecer más glorioso que había visto en mi vida, con colores púrpura, anaranjado, rosado y rojo, todos resplandeciendo con la más magnífica intensidad.

Cuando casi estábamos llegando a nuestro lado de la

bahía, recordé que tenía una copia de un Nuevo Testamento en la bolsa que llevaba atada a la cintura.

También me vino a la mente el día en que un representante local de una gran sociedad bíblica me dijo que querían donar treinta mil Nuevos Testamentos a Iris Global. Estas Biblias venían con condiciones. Aunque yo, una mujer, era uno de los miembros directivos del movimiento, no querían que ninguno de los Nuevos Testamentos fuera entregado a una mujer. Solo los hombres mozambiqueños podían recibirlos.

Al principio me ofendí. Luego el Espíritu Santo me recordó que había cientos de hombres en nuestra región que estaban trabajando con Iris y que estaban listos para recibir este regalo invaluable y distribuirlo a otros. Aquel mismo día llamé a más de cien hombres a nuestra oficina para que recibieran los primeros de esos Nuevos Testamentos. Yo estaba esperando afuera mientras los recibían pero, antes de irse, uno de los hombres se aseguró de dejarme unas copias extra antes de marcharse. Todavía tenía conmigo una última copia.

Si usted desea ver el nacimiento de lo milagroso, no puede darse el lujo de perder el tiempo ofendiéndose. La ofensa le impide llevar la promesa a término y, en realidad, uno nunca sabe qué piensa hacer Dios con una situación que al principio parece ofensiva.

Cuando llegamos a nuestro lado de la bahía, saqué aquel Nuevo Testamento y leí Juan 3:16 a mis rescatadores. Me sorprendí al ver que uno de los pescadores sabía leer. Le dejé el Nuevo Testamento. Los seis recibieron al Señor Jesús como su Salvador en la orilla antes de despedirnos.

Habíamos desembarcado en un lugar cercano a nuestra casa, pero todavía no habíamos visto nacer todas nuestras promesas. Teníamos que caminar un largo camino hasta llegar a uno de los pueblos en los suburbios de Pemba. Nos acordamos de que este pueblo era muy conocido por la delincuencia que había. Normalmente nunca iríamos allí de noche. Estábamos exhaustos y aterrorizados.

Soy rubia y tengo la piel clara. Era difícil pasar inadvertida, particularmente si estaba usando un chaleco salvavidas anaranjado brillante. Una vez más estábamos orando con el corazón en la garganta, temiendo que nos asaltaran o algo peor.

Llegamos a la carretera sin sufrir ningún incidente, pero entonces el primer vehículo que vimos se detuvo a nuestro lado. Era todo negro con vidrios también negros. Bajaron uno de los vidrios. Los hombres que iban dentro, con apariencia muy ruda, nos exigieron que nos detuviéramos. Este carro pertenecía a uno de los jefes de las bandas.

Mi hijo Dilo llevaba algunos pescados. Después de haber estado soñando con comida todo el día, se los había comprado a los pescadores que nos habían rescatado antes de separarnos. Cuando los bandidos olieron el pescado crudo, decidieron que apestábamos demasiado como para acercarse a nosotros. Nos dijeron que siguiéramos nuestro camino.

Seguimos caminando en la oscuridad, con la esperanza de encontrar un carro más seguro que nos diera un aventón. Por fin un camión se detuvo a nuestro lado. El chofer nos dijo que podíamos subir atrás. Fuimos dando tumbos por aquella carretera polvorienta hasta que por fin llegamos a casa. Nos dejaron en la puerta del centro Iris que llamamos Pueblo de la Alegría.

Cuando nos vieron nuestros niños corrieron colina abajo, bailando y llorando. Habíamos estado fuera de contacto por más de un día. Nadie estaba seguro de lo que nos había sucedido. Mi querida amiga Mary-Ann ya había empezado a recibir correos electrónicos donde preguntaban si yo estaba viva. Los niños temían que nos hubiéramos perdido en el mar.

Los cuatro nos tiramos al suelo, regocijándonos con los abrazos de los niños. Realmente sentimos que Dios nos había salvado la vida.

Una cosecha ganada con mucho esfuerzo

Llegué a la casa empapada, hambrienta y completamente exhausta. Lo primero que tuve que hacer fue empacar para mi viaje a Oxford.

Al día siguiente volé a Johannesburgo, la capital de Sudáfrica y me dispuse a tomar mi próximo vuelo a Inglaterra. Me di cuenta de que mi asiento estaba en la fila del medio, en la parte trasera del avión. Todavía no estaba ni remotamente descansada. La idea de estar apretada entre otros tres pasajeros durante un vuelo de nueve horas me daba ganas de llorar. Pregunté a los agentes de vuelo si sería posible esperar para abordar el avión hasta el último minuto, en caso de que algún asiento de pasillo quedara libre. Estaba volando en una aerolínea que no utilizo normalmente. No esperaba demasiadas concesiones. Esperé y oré mientras el resto de los pasajeros abordaba, sintiéndome extenuada hasta el límite.

Justo antes de cerrar la puerta, me llamaron a la puerta de embarque. La aeromoza sonrió y dijo: "Tenemos un asiento de pasillo para usted. Está en primera clase".

Me eché a llorar.

Luego de llegar a mi asiento, me dieron una pijama. Nunca había tenido un vuelo tan increíblemente confortable como aquel. Dormí durante todo el trayecto hasta Londres.

Llegué a Oxford bajo un clima británico tradicional: una lluvia fuerte y fría. El evento era al aire libre. A medida que adorábamos juntos, la presencia de Dios llenó tanto aquel lugar que nadie prestaba atención al aguacero. Vi a innumerables hombres y mujeres arrodillarse bajo sus sombrillas. Muchos hicieron compromisos para llevar a término sus propias promesas milagrosas, sin importar cuál fuera el costo. Algunos cayeron postrados con el rostro en el lodo, derribados bajo el peso de la presencia de Dios.

De repente, sentí que todo lo que había pasado durante los últimos días había valido la pena.

Lanza tu pan sobre el agua

Después de aquel naufragio le pregunté al Señor qué debíamos hacer ahora para alcanzar a los pueblos costeros. Nuestra experiencia con la embarcación hasta ese momento había sido muy fructífera, incluso espectacular, pero también trágicamente corta.

Una vez más sentí que el Señor me dijo: "¡Consigue un bote más grande!".

Tengo un amigo en Holanda, Mattheus van der Steen, que supo que yo estaba orando por una embarcación más grande. Encontró un yate en el mercado por menos del diez por ciento de su valor original. Anteriormente había pertenecido al rey de España. Iris Global lo compró y casi cien voluntarios trabajaron durante más de un año para repararlo. Sacamos las camas del rey y pusimos literas en los camarotes para poder transportar más miembros del equipo durante nuestras misiones. Cuando zarpó por primera vez lo llamamos *Iris Compassion*.

La primera vez que llevamos el *Iris Compassion* a una misión, nos acompañaron un gran número de adoradores e intercesores, incluyendo a tantos niños como podíamos llevar a bordo con seguridad. ¡Los niños sabían que ese era su bote porque ellos son del Rey!

Decidimos que el capitán orara para decidir a dónde iríamos en nuestro primer viaje. Él conocía de un pueblo al que nunca antes habíamos visitado y nos llevó hasta allí mientras adorábamos en la soleada cubierta.

Como era costumbre, pretendíamos ir y buscar al jefe antes de hacer cualquier otra cosa. Pero antes de salir de exploración, vimos un pequeño bote de motor que estaba mar afuera y se acercaba. Las personas que estaban a bordo nos saludaron mientras se encaminaban también al pueblo. Les pedimos que se detuvieran por un momento para poder lanzarles una gran funda con pan fresco. La lanzamos a su bote pero no llegó, sino que se cayó al agua. Pero el plástico estaba bien sellado y el pan estaba flotando intacto.

Cuando se acercaron para recoger el pan, el Señor me recordó el pasaje que dice: "Lanza tu pan sobre el agua; después de algún tiempo volverás a encontrarlo" (Eclesiastés 11:1). Cuando se acercaron, les pregunté en su idioma si conocían al jefe del pueblo. El hombre que estaba en el medio alzó la mirada y dijo: "Yo soy el jefe". Enseguida se ofreció para conducirme en un recorrido por el pueblo.

En ese momento el motor del bote del jefe se atascó, chisporroteó y murió. (¡Tal parece que tenemos una unción especial para los motores en Iris Global!) Con mucho gusto les ayudamos y enviamos a nuestro mecánico a que examinara el problema. Necesitaban un tipo específico de bujía que resultó que nosotros teníamos. Le pedí a nuestro capitán que les diera una. Me miró extrañado. Es difícil obtener piezas de repuesto en Mozambique y es probable que necesitáramos todo lo que habíamos traído con nosotros para hacer que el *Iris Compassion* continuara su viaje, pero insistí.

Si queremos llevar nuestras promesas a término, necesitamos ayudar a otros para que hagan lo mismo. Si queremos llegar a nuestros destinos, tenemos que ayudar a otros a cruzar el agua. Todos tenemos cosas que nuestros hermanos y hermanas necesitan para cumplir sus propios destinos. Estamos llamados a compartir y a proveer esas cosas.

Después de lograr que el bote del jefe funcionara, Jacinto, Dilo y yo decidimos ir durante el resto del viaje con el jefe. Dejamos a los intercesores en nuestro bote para que continuaran orando y adorando.

Desembarcamos en un amplio y lodoso delta a lo largo del cual se extendían minas de sal. El pueblo quedaba a muchos kilómetros de allí. El calor iba en aumento a medida que caminábamos bajo el sol del mediodía junto a los montones de sal y una familia de babuinos curiosos. Cuando llegamos al pueblo encontramos a la gente ayunando sin agua y orando para que Dios bendijera sus vidas. Eran devotos a otra fe.

Durante treinta y siete años de predicar no he vuelto a ver una bienvenida más calurosa que la que recibimos aquel día. Una familia tras otra salía de sus chozas para abrazarnos y saludarnos. El jefe sacó las mejores sillas plásticas que tenía y las colocó debajo de un árbol de mango para que nos sentáramos. Llamó al rey y a la reina del pueblo, a los maestros y a los ancianos. Todos los niños también decidieron venir para ver lo que íbamos a hacer. Después de que cientos de personas se habían reunido, el jefe nos preguntó por qué habíamos venido.

Comencé con Juan 3:16: "Porque tanto amó Dios al mundo, que dio a su Hijo unigénito, para que todo el que cree en él no se pierda, sino que tenga vida eterna". Luego de haber compartido estas simples palabras de la Biblia y hablar sobre lo que significaban, el rey, la reina, el jefe, los ancianos, los niños, los maestros y todos los que podían escucharnos inclinaron el rostro y recibieron a Jesús como Señor y Salvador. Todos los presentes se entregaron a Jesús sin vacilar.

El jefe nos ofreció el mejor pedazo de tierra disponible para construir una iglesia. Después llamó a muchos amigos que vivían lejos para que vinieran con motocicletas y nos llevaran de regreso. Pasamos muy rápido junto a los babuinos, abordamos nuestro barco y llegamos a Pemba justo a tiempo para asistir a la ceremonia de graduación de nuestra escuela de misiones y de nuestra escuela bíblica; seiscientos estudiantes de más de treinta naciones diferentes habían pasado los últimos meses estudiando con nosotros. De este grupo formamos veinte equipos que ministrarían en todo el mundo. Otros regresaron a sus ciudades y pueblos natales, listos y dispuestos, esperamos, a detenerse simplemente ante cada persona que Dios ponga delante de ellos.

Todavía estamos ansiosos por ver más de la visión hacerse realidad. ¡Creo que Dios le dará a Iris un buque de carga!

Un pequeño kayak para el yate del Rey

A veces nos da la impresión de que somos tontos al soñar la clase de sueños que Dios pone en nuestros corazones. Nuestros sueños más auténticos siempre nos parecen demasiado grandes. Puede que tengamos miedo de cuán raros que luciremos tratando de alcanzarlos. Puede que comencemos tratando de remar solos en un kayak hacia las islas distantes para luego darnos cuenta de que la tarea es mucho más difícil de lo que pudimos imaginar. No obstante, debemos tener confianza en que Aquel que comenzó en nosotros la buena obra la irá perfeccionando (Filipenses 1:6).

La Biblia dice que Pablo oró para que la iglesia tuviera paciencia y perseverancia (Colosenses 1:11). A veces desistimos demasiado rápido. Pude haber desistido cuando la idea del kayak resultó ser risiblemente equivocada. Pude haber desistido cuando nuestro primer bote de verdad se hundió y naufragamos.

Apartándonos de los botes, pude haber desistido de Mozambique muchas veces antes de eso. Pude haber desistido cuando las personas me dispararon o cuando las bandas me perseguían. Pude haber desistido cuando estábamos en un estrés sicológico muy grande después de que a unos amigos nuestros en el Congo los desmembraron en una iglesia con machetes. Pude haber desistido cuando en los periódicos dijeron que yo era traficante de drogas debido a unos resultados erróneos en un laboratorio donde estaban probando algunas vitaminas que nos habían donado. Pude haber desistido en la quinta, sexta o séptima ocasión cuando la multitud comenzó a apedrearme por predicar a Jesús.

En especial pude haber desistido cuando mi esposo Rolland contrajo malaria cerebral y sufrió una serie de micro infartos que casi lo mataron. Aunque con el tiempo se sanó, durante dos años perdió su memoria a corto plazo y era totalmente incapaz de ejercer el ministerio o la administración.

La única razón por la que no desistí en ninguna de esas ocasiones es porque conozco a Aquel que colocó sus promesas dentro de mí. ¡Cuando usted lo conoce íntimamente, nunca desistirá, porque vale la pena!

A veces tenemos que esperar mucho tiempo para ver algunas promesas. Yo tenía dieciséis años cuando el Señor me dijo que tenía un destino en África, Asia e Inglaterra. Me tomó más de veinte años llegar a Mozambique y comenzar vivir esa parte de mi llamado.

A decir verdad, ahora estoy más llena del Señor que nunca antes. A veces todavía es muy incómodo. Hay días en que siento que me estiro por dentro a medida que las promesas de Dios crecen dentro de mí, pero incluso esos días son una alegría porque anhelo ver el nacimiento de lo que Dios me ha dado.

Continúe llevando sus promesas con fe. Aliméntelas a medida que crecen. No importa qué edad tenga. Nunca es demasiado tarde. El Señor quiere llevarlo más allá de sí mismo y de lo que puede hacer. Dios es Aquel que puede tomar a una mujer estéril y anciana y hacerla fructificar por primera vez, tal como el ángel le dijo a María:

> También tu parienta Elisabet va a tener un hijo en su vejez; de hecho, la que decían que era estéril ya está en el sexto mes de embarazo. Porque para Dios no hay nada imposible.
>
> —LUCAS 1:36–37

Dos cosas ocurrirán cuando Dios venga sobre usted. La primera es una promesa particular de parte de Dios que en lo natural es imposible de cumplir. La segunda es una promesa general de parte de Dios de que *nada* es imposible para Él.

Nuestro Dios es el Dios de lo imposible. Puede tomar un ministerio estéril y soplar su Espíritu sobre él. Incluso en su vejez puede soplar sobre usted y hacer que tenga un ministerio, una promesa o una revelación, un regalo glorioso que llevará su gloria hasta los confines de la tierra. Dios puede tomar la vida más estéril y quebrantada, incluso la clase de vida que ha abortado muchas veces sus propias promesas y plantar en ella una nueva promesa gloriosa, junto con toda la fortaleza que se necesita para llevarla a término.

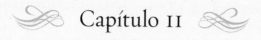

Capítulo 11

ENTRE EN EL
DESCANSO DE DIOS

Cuidémonos, por tanto, no sea que, aunque la promesa de entrar en su reposo sigue vigente, alguno de ustedes parezca quedarse atrás. Porque a nosotros, lo mismo que a ellos, se nos ha anunciado la buena noticia; pero el mensaje que escucharon no les sirvió de nada, porque no se unieron en la fe a los que habían prestado atención a ese mensaje. En tal reposo entramos los que somos creyentes, conforme Dios ha dicho: Así que, en mi enojo, hice este juramento: "Jamás entrarán en mi reposo." Es cierto que su trabajo quedó terminado con la creación del mundo.

—HEBREOS 4:1–3

HAY UN LUGAR para reposar en el corazón de Dios. En este lugar aprendemos a confiar en Él en medio del caos y las dificultades. Cuando nos recostamos en su pecho y escuchamos el latir de su corazón, descubrimos su ritmo que nos enseña cuando debemos correr, cuando descansar y cuando liberar. Si accedemos a entrar en el reposo que Dios ha preparado para nosotros, nosotros mismos nos convertiremos en lugares de descanso a los que Él puede venir para habitar con toda su grandeza.

Podemos entrar en las tormentas de la vida y liberar el amor solo cuando hemos aprendido como descansar en Dios. Hebreos 4:1–3 nos dice que nos cuidemos no sea que nos quedemos sin entrar en su reposo. Además, no recibiremos reposo gracias a los méritos de nuestras obras, para que nadie se gloríe (Efesios 2:9). Más bien, necesitamos reposar en las promesas de Dios. Estaremos seguros en los brazos del Rey. Ciertamente, tenemos que aprender a vivir allí.

Muchas cosas en mi vida amenazan con robarme mi descanso. El personal de Iris Global ha aumentado tanto, más de mil personas, que el gobierno mozambiqueño recientemente ordenó que nos organizáramos en sindicatos. La contratación de organizadores de sindicatos ha comenzado en nuestras bases y se han armado algunas revueltas. La primera vez que ocurrió una fue justo frente a mi oficina y casi se convirtió en un motín. En aquel momento sentí que Dios me dijo que simplemente quería que reposara y que no me preocupara por eso.

Admito que no siempre soy muy buena en esto, pero Dios continúa retándome a ir más profundo y a confiar en que Él tiene el control. Me anima con la confianza de que si dedicamos tiempo a reposar en Él, hará más con nuestras vidas de lo que alguna vez habríamos logrado de otra forma.

El reposo del sabbat

Por consiguiente, queda todavía un reposo especial para el pueblo de Dios; porque el que entra en

el reposo de Dios descansa también de sus obras,
así como Dios descansó de las suyas.

—HEBREOS 4:9–10

El reposo especial o sabático es una vez a la semana.
Cuando a algunas personas se les dice que tienen que
descansar, se vuelven frenéticos. "¡Tenemos que ir!" dicen.
"¡Necesitamos correr!". A menudo yo misma soy esa clase
de persona.

Sí, sí necesitamos correr, pero también necesitamos descansar. Esto es parte del ritmo del corazón de Dios. Dios
le ha dado a su pueblo un reposo sabático. Todo el que
entra a ese reposo también descansa de su propio trabajo,
así como lo hizo Dios. Dios trabajó seis días y descansó el
séptimo.

Por supuesto, no debemos estar tirados en el piso descansando los siete días de la semana. ¡Nos sentiríamos
más cansados y adoloridos al descansar tanto! Al mismo
tiempo, si nunca descansamos, entonces nunca corre-
remos. No podemos correr nuestro maratón sin momentos
para refrescarnos.

No puede ser una palabra ungida. No podemos salvarlos
a todos. Somos siervos, hijas, hijos y novias, pero no salva-
dores. Hay un solo Salvador. No podemos tener ese trabajo.

Se nos pide y se nos permite reposar. Dios es capaz de
hacer que su mundo continúe girando y, mientras tanto, es
muy importante que no hagamos más de lo que nos está
pidiendo.

Algunos piensan que el principio del reposo no se aplica
a nosotros. Se lo aseguro, ¡sí se aplica! Tenemos que descansar, amados de Dios. Logrará hacer más a través del
reposo que a través del trabajo. Es importante tomarse un
sabbat.

Trato de orar de tres a cinco horas cada día. Me levanto temprano. Oro y adoro y luego oro un poco más.

Por un tiempo pensé que aquello podía considerarse como mi sabbat de alguna manera, pero más tarde me di cuenta de que Dios no estaba de acuerdo con esa idea. También quiere que juegue.

Fue asombroso descubrir que a Dios le gusta detenerse y jugar. En una ocasión me dijo que trajera a Pemba a todos nuestros líderes principales de las diversas naciones en las que opera Iris Global. Íbamos a orar y a jugar. Le pregunté si también podíamos trabajar. ¡Me respondió que no!

Nos reunimos en *Iris Compassion* y salimos al mar. ¡Jugamos y oramos y comimos! En lo natural puede sonar inútil, pero a Dios le encantó. Algunos de nosotros estamos tan enfrascados en el trabajo que necesitamos pensar seriamente en la idea de aprender a jugar, pero creo que si aprendemos a jugar con nuestros líderes y con nuestros amigos, trabajaremos juntos mucho mejor en los días venideros.

Reposo en la carrera

Esforcémonos, pues, por entrar en ese reposo, para que nadie caiga al seguir aquel ejemplo de desobediencia.

—Hebreos 4:11

Soy una persona increíblemente tenaz. Sé cómo arreglármelas para trabajar dieciocho horas diarias durante muchos días seguidos. Me esforcé a lo largo de diez años de universidad para completar un doctorado en teología sistemática. Sé lo que es trabajar con diligencia.

Le comparto esta parte de mi historia para que no se

sienta tentado a pensar que me resulta fácil reposar. Pero a pesar de mi personalidad, he llegado a entender que Dios nos pide que nos esforcemos por entrar en el reposo. Puede que esto suene extraño, pero entiendo lo que significa debido al trabajo que me cuesta apartar un día. Me resulta mucho más difícil que lidiar con las maldiciones de los doctores de la brujería. Constantemente me piden que haga una reunión más o una conferencia más. No es fácil para mí decir que no, pero lo hago por amor a la obediencia.

Una vez me vi en la necesidad dirigir una reunión durante uno de aquellos días que se suponía que debía descansar. Estaba exhausta y agitada. No obstante, Jesús estuvo en la reunión. Pude sentir su presencia fuertemente. De repente tuve una visión. Me vi sentada en un caballo blanco. Me encantan los caballos pero tuve miedo porque este caballo blanco estaba galopando demasiado rápido.

Sabía que era un cuadro de mi vida. Era una imagen de un avivamiento y un crecimiento rápido, todas las cosas que yo había dado a luz. Recuerdo que estaba segura de que me caería del caballo. Pero entonces escuché su voz diciéndome: "¡Recuéstate, Heidi, recuéstate!".

Me recosté a la montura del caballo y vi a Jesús detrás de mí, sosteniéndome en sus brazos. Cuando me recosté, me sumergí completamente en su corazón. Cabalgábamos como uno solo.

Mi preocupación de que iba a perder mi precioso día libre se transformó en una alegría increíble. Dios había cabalgado conmigo. Lo hizo porque quería mostrarse fuerte en medio de mi fatiga y de mis limitaciones. Una vez más me enseñó que se trataba de Él y no de mí.

Dios quiere llevarlo a un lugar mayor de reposo. Quiere llevarlo al lugar donde pueda continuar cabalgando en el caballo blanco incluso cuando se recueste completamente en Él para estar seguro y calmado en medio de las tormentas, de los avivamientos y de toda clase de grandes trabajos.

Repose, corra, libere

> Por lo tanto, ya que en Jesús, el Hijo de Dios, tenemos un gran sumo sacerdote que ha atravesado los cielos, aferrémonos a la fe que profesamos. Porque no tenemos un sumo sacerdote incapaz de compadecerse de nuestras debilidades, sino uno que ha sido tentado en todo de la misma manera que nosotros, aunque sin pecado. Así que acerquémonos confiadamente al trono de la gracia para recibir misericordia y hallar la gracia que nos ayude en el momento que más la necesitemos.
>
> —Hebreos 4:14–16

¿Está listo para acercarse al trono de Dios? ¿Quiere estar más cerca de lo que ha estado alguna vez? ¿Quiere sentir el corazón de Dios latiendo dentro de su pecho?

Acerquémonos al trono de la gracia como niños pequeños. Dios no es injusto. No olvidará su trabajo. No perderá de vista el amor que le ha mostrado cuando ha servido a otros. Agárrese de su fe con firmeza.

Le ha ordenado que repose. Esto no significa ser perezoso, sino agarrarse firmemente de la promesa que tiene. No nos pide que nos relajemos todos los días y las noches para siempre. Nos pide que imitemos a Jesús y a todos aquellos que, a través de la fe, heredaron la promesa.

Hemos visto desastres increíbles en Mozambique. En uno de los peores desastres, trescientas cincuenta de nuestras iglesias se destruyeron por las inundaciones. Cientos de miles de personas perdieron sus posesiones, sus hogares y sus cultivos. Muchos murieron.

En aquella situación obviamente no estaba pensando en dormir, pero incluso en momentos como esos un poco de descanso es importante. La única forma en que sé descansar en un desastre como ese es recostándome para escuchar el corazón de Dios. En el ritmo del corazón de Dios hay reposo, hay carrera y hay liberación.

Repose, descanse, libere.

Cuando me enteré de aquella inundación estaba en una conferencia en Canadá. Uno de mis hijos mozambiqueños me llamó por teléfono. Estaba terriblemente abatido, llorando porque las personas estaban muriendo sin nada que comer. Dijo que era una de las peores tragedias que había visto... y había visto muchas.

Dios había estado diciéndome aquel año que aprendiera a reposar. No tenía idea de cómo reposar con mi hijo contándome al otro lado de la línea sobre miles de personas que estaban sufriendo en mi nación. ¿Cómo podía descansar mientras tantas personas estaban desesperadas y muriendo? Pero sentí que el Señor me dijo que confiara en Él y que descansara en el bote sin temor.

Todavía no comprendía. ¿Cómo podía descansar en el bote cuando parecía que la nación se estaba hundiendo? El teléfono sonaba incesantemente. Debía predicar en Canadá durante muchos días más.

Dios me recordó el ritmo de correr, reposar y liberar. Mientras continuaba orando y escuchando, lo escuché decirme que ahora era tiempo de liberar. Al principio no sabía qué era lo que quería que liberara ante la presencia de un desastre tan grande. Entonces escuché que el Señor me dijo que liberara a mis hijos e hijas.

Empecé a llamar a nuestros hijos mozambiqueños. Casi

todos ellos estaban sin hogar cuando los encontramos. Algunos habían sido ladrones y bandidos, pero ahora todos habían crecido y estaban fuertes en el Señor. Entregamos grandes sumas de dinero en sus manos para que pudieran ir y alimentar a los hambrientos en los campos de refugiados. Les entregamos las llaves de nuestros camiones. Por un instante vacilé, con temor de que pudieran chocar todos aquellos camiones porque no eran choferes muy experimentados, pero sentí que el Señor me estaba asegurando que Él estaba poniendo en manos de aquellos jóvenes los camiones y las provisiones para su pueblo.

Aquellos que durante muchos años habían estado sin hogar ahora se estaban disponiendo a construir casas para las víctimas de la inundación. Manejaron las finanzas con absoluta diligencia. (¡Uno de ellos hizo que un ministro que lo acompañó escribiera una factura por la cantidad de $0.03 por el uso de un baño público!) Me quedé asombrada de la responsabilidad con la que manejaron la crisis.

Cuando regresamos a Mozambique, nos dimos cuenta de que sí habían chocado algunos de los camiones. Dios nos dijo que les diéramos las llaves de otros camiones. Me preguntaba si eso era sabio, pero creo que Dios usó esa experiencia para enseñarnos cuánto confía en todos sus hijos. A veces vamos a chocar los camiones. A veces no vamos a hacer las cosas bien. Cometemos errores. Papito Dios entrega cosas en nuestras manos de todas maneras. Quiere darnos llaves a todos.

Luego de no mucho tiempo el presidente, el gobernador y los medios de prensa habían entrevistado a nuestro equipo de jóvenes hombres y mujeres mozambiqueños. Sus coterráneos habían divulgado la noticia de cómo se habían unido para bendecir la nación. Para mí fue especialmente maravilloso, como mamá, estar a la sombra y contemplar como brillaban.

Si aprendemos el ritmo del corazón de Dios, no tendremos miedo de liberar a los hijos e hijas antes de que ellos mismos sepan cómo serán capaces de terminar la carrera. Dios mismo encenderá su pasión. Van a correr mucho más y nosotros los alcanzaremos casi sin aliento.

Tenemos que liberar muchos detalles en nuestras vidas. Durante una conferencia una señora se me acercó meneando la cabeza y me dijo: "¿Cómo cocina para todos esos niños?".

Aquello era muy gracioso. No sé cocinar. Podría quemar el agua. Pensaba que yo literalmente cocinaba para miles de niños cada día. Por supuesto que tenemos un gran equipo de cocineros y cocineras.

Hay cientos y miles de personas haciendo cosas buenas e importantes para Dios. No se supone que alguien lo haga todo solo. Si no entramos en el ritmo del corazón de Dios, podemos olvidar esto. Nos abrumamos y nos quemamos. En cambio, ser buenos liberadores nos capacita para descansar. Tenemos que liberar la vida, liberar el Espíritu Santo, liberar la unción, liberar el liderazgo y liberar a las personas a sus muchos y diversos destinos.

Corra la carrera. Aprenda a recostarse en Jesús. Deje que lo sostenga muy cerca de sí hasta que pueda escuchar el ritmo de los latidos de su corazón. Entonces sabrá cuándo descansar, cuándo correr y cuándo liberar.

Conviértase en un lugar de reposo

Necesitamos entrar en el reposo que Dios ha preparado para nosotros. También necesitamos aprender cómo convertirnos en un lugar de descanso donde Él habite. Necesitamos convertirnos en un templo donde Dios siempre pueda venir y derramar su aceite en nuestras vidas. Los carros sin aceite, a pesar de que puedan tener gasolina, no funcionan. Necesitan una provisión permanente de aceite limpio y fresco para funcionar adecuadamente. Podría escribir miles de páginas acerca de la necesidad de recoger la cosecha de la gloria sanadora de Dios, pero a menos que tengamos una provisión continua del aceite del cielo, nunca llevaremos a cabo todo el llamado de Dios. La buena noticia es que Dios siempre está listo para derramarlo libremente sobre todos aquellos que lo deseen.

Recordé esta verdad durante mi estancia en el hospital en una época de mi vida en la que estuve muy enferma. Fue en el 2005 y había estado internada en un hospital en Sudáfrica con una infección severa de SARM, un tipo muy serio de infección por estafilococos. Literalmente me estaba muriendo. Lo aproveché como una gran oportunidad para orar y adorar constantemente. Traté de enfocarme en mantenerme llena del Espíritu Santo.

Esta fue una de las pocas épocas en las que no tenía a una fila de personas esperando para hablar conmigo. Algunas enfermeras venían para pedir oración, pero eso era todo. Me sentía feliz de orar por ellas. Recuerdo cómo decían que sentían mucha vida en mi habitación. Creo que es interesante que, a pesar de que me estaba muriendo, se sentía mucha vida en la habitación. Dios es tan bueno que nos llena con el aceite de su Espíritu Santo incluso cuando nuestros cuerpos desfallecen. En realidad solo estamos vivos cuando el aceite de su amor llena nuestro interior.

Mientras estaba en el hospital, también tenía mucho tiempo para leer las Escrituras. El Señor me habló mientras meditaba en el libro de Zacarías. Me dijo que todavía estaba buscando lugares de reposo donde pudiera habitar.

Noté que el nombre *Zacarías* de hecho significa "el Señor recuerda".

Luego de que un médico entró y me dijo que podía escribir mi propia lápida, empecé a recordarle a Dios todas las promesas que me había hecho. Le recordé la promesa de que tendría un millón de niños. Puede que tuviera noventa años cuando llegara a ese número, pero vería la promesa cumplida.

Creo que a Dios le gusta que sus hijos le recuerden las promesas que les ha hecho. Por supuesto, Él recuerda todos sus pactos, pero cuando somos capaces de hacer declaraciones de fe con respecto a ellos, esto le alegra el corazón.

Le dije a Dios que estaba lista para morir pero que no quería morir de una enfermedad que consumiera mi cuerpo. Quería continuar compartiendo el evangelio y ministrando hasta el día en que Jesús me llevara al hogar. Declaré las promesas que me había hecho y me regocijé en lo que me reveló a través de Zacarías.

Todavía confinada a mi cama, le pedí a Rolland que me comprara un par nuevo de zapatos deportivos. Rolland no me dijo que era una tonta al pedir zapatos deportivos en vez de pantuflas para andar en el hospital. Enseguida salió y fue a dos tiendas diferentes en busca de los zapatos perfectos.

Estuvieron junto a mi cama durante semanas. Todos los días los miraba. Estaba ansiosa por correr. Tan cansada y enferma como estaba, tenía esperanza porque creía que Dios tenía un destino para mí.

En la época de Zacarías las personas estaban exhaustas con la construcción del templo. Estaban tan cansados que se habían detenido a medio camino. Dios los llamó para que regresaran a Él. Les pidió que terminaran su casa porque quería tener misericordia de ellos (Zacarías 1:3).

Muchos de nosotros hemos estado en avivamientos y renovaciones. Hemos visto las cosas poderosas de Dios. Hubo una época en la que estábamos llenos hasta desbordar, pero luego nos cansamos. A veces nos derrumbamos y dejamos de construir las cosas que Dios nos ha pedido que construyamos.

A través de su profeta Dios nos está llamando a terminar lo que comenzamos. Dios comenzó una obra poderosa en cada uno de nosotros. Nos está invitando a participar en su naturaleza divina. Necesita todo de nosotros, toda nuestra vida y todos nuestros años.

Durante aquel tiempo de enfermedad Dios también me habló acerca de casas. Me mostró que mi casa, mi cuerpo, tenía un significado profético. Tenía una enfermedad que estaba tratando de destruir mi cuerpo. Estaba comiéndose obstinadamente mi vida y mi piel. Había envenenado mi sistema. También hay cosas en la iglesia que se comen la vida de la comunidad y que hacen que se vuelva débil.

Dios quiere habitar plenamente su casa. Quiere que su pueblo termine lo que les ha dado para que hagan. Quiere que estén llenos de vida y de poder a medida que terminan la tarea.

Le recordé a Dios que lo amaba y que había entregado mi vida al ministerio. Lo había servido día y noche durante treinta años. Le pregunté cuál era el propósito de mi sufrimiento. Lo había visto curar la ceguera, la sordera y muchas enfermedades. ¿Por qué no me había sanado?

Toda clase de personas oraban por mí. Estoy segura de que Dios se conmovió al escuchar sus oraciones. Algunos llamaban para preguntar si me estaba sintiendo mejor. Otros me dijeron que me levantara en el nombre de Jesús. Por fe me levantaba de la cama y les decía que me sentía mejor. Al mismo tiempo deseaba que colgaran rápido porque estaba a punto de caerme.

Estaba peleando la buena batalla, pero me sentía desesperada. Sentí que Dios me mostró que hay una batalla espiritual que peleamos junto con Él; su resultado determina si permaneceremos o no llenos del Espíritu Santo. Terminar nuestra tarea implica una pelea. A veces tenemos que aceptar las pruebas. Le dije al Señor que hiciera su voluntad y que me convirtiera en un lugar de reposo para el Espíritu Santo.

Aunque aquel tiempo fue muy difícil, el Señor también fue muy bueno conmigo. Una paloma blanca revoloteaba en mi ventana cada mañana. Regresaba al atardecer y dormía allí junto a mi ventana. Esto me bendecía grandemente porque sabía que Dios me estaba hablando. Me estaba preguntando si quería convertirme en un lugar de reposo para su Espíritu.

Por supuesto que quería. Pero todavía estaba luchando.

En el hospital Dios trató conmigo con respecto al reposo. Sentí que me dijo que estaba pagando los días de todas aquellas semanas en las que no descansaba ni siquiera un día. Me había enfermado porque pensaba que necesitaba hacer algo para Dios cuando lo que Él más quería era que descansara. Durante un tiempo le rebatí, recordándole que tenía un programa de conferencias muy apretado y todas las reuniones de los sábados a las que estaba obligada a asistir. Dios me dijo que cambiara el día o que buscara otro.

Obviamente no quería quedarme enferma. Quería estar llena de pasión y de amor, pero también quería terminar la carrera y ganar. Todavía no había terminado. No quería dejar esta vida en una cama de hospital.

Por medio de Zacarías Dios nos hablar acerca de edificar

su casa. Usted es su casa. Usted es el lugar donde habita el Espíritu Santo (1 Corintios 3:16; 6:19). Dios está reconstruyendo su casa y su pueblo. Está expandiendo nuestros corazones para que lleven más de su amor. Nos está estirando para que podamos contener más aceite.

Luego de treinta y dos días en el hospital un especialista vino y me dijo que ya no podían hacer nada más por mí. Sugirió que fuera a un hospital universitario, donde tal vez podía participar en una prueba clínica de unos nuevos "antibióticos de compasión". En Sudáfrica no tenían cura para mí.

En dos ocasiones anteriores había estado hospitalizada por la misma infección y en ambas había salido del hospital por fe, creyendo que Dios me sanaría. Pero en cambio, la infección había empeorado. Esta era mi tercera hospitalización. Ahora parecía que no me quedaba mucho tiempo.

A veces tomamos una decisión por fe en Dios y parece como si las cosas no salieran bien. ¿Alguna vez lo ha hecho? A veces nos ponemos demasiado nerviosos como para intentarlo otra vez. Desistimos. Pero Dios quiere sacar de usted ese temor.

Al final de esta tercera visita al hospital sentí que Dios me decía que necesitaba ir a Toronto. El personal me dijo que ese era un plan estúpido. Canadá quedaba al otro lado del mundo y sus hospitales no eran mejores que los de Sudáfrica. De todas formas salí del hospital. Sabía que mi destino era vivir y no morir debido a todas las promesas que Dios ya me había dado.

Tenía mis zapatos deportivos cerca de la cama por una razón.

A veces cuando Dios quiere sanarlo, puede que le pida que se levante, que vaya a algún lugar o que haga algo. Puede que necesite hacer algo más que quedarse sentado allí, deseando que alguien lo toque. Si tiene artritis, puede que le diga: "Levántese y baile". Si sufre de depresión, puede que simplemente le diga: "¡Alégrese!". No importa que para el resto no tenga sentido.

Le dije a Rolland: "Necesitamos tomar un avión ahora mismo e ir a Toronto porque Dios así me lo dijo".

Tenía una conferencia programada en una iglesia allá. Mientras estaba enferma en el hospital, tuve que cancelar todos mis compromisos de conferencias, pero no me sentí guiada a cancelar esta. En realidad no esperaban que fuera porque sabían que estaba enferma, aunque en aquel momento no sabían cuán seria era mi enfermedad en realidad.

Llegué a Toronto pálida como un fantasma y extremadamente débil. Me habría caído si alguien me hubiera tocado. No obstante, llevaba conmigo mis zapatos deportivos.

Cuando me vieron, los líderes que estaban allí se asustaron. No querían que muriera en su conferencia. Tenían un médico que quiso ponerme una inyección intravenosa inmediatamente. Me aseguraron que no tenía que hablar. Les respondí que había venido desde muy lejos y que definitivamente predicaría aquella noche.

Estaban muy nerviosos, pero me dejaron hacer lo que quisiera. Le pedí al médico que pusiera las manos sobre mí y que orara en vez de ponerme una inyección intravenosa. Luego, lentamente, me las arreglé para llegar a la plataforma. Dios me dijo que les daría una palabra acerca de Zacarías.

Caminé con dificultad hasta el púlpito y me agarré de él con todas mis fuerzas para no caerme. Comencé citando Zacarías 2:5:

"En torno suyo—afirma el Señor—seré un muro de fuego, y dentro de ella seré su gloria".

Cuando leí ese versículo, de repente la gloria de Dios cayó

sobre mí. Sentí algo como electricidad en todo el cuerpo. Un torrente del fuego de Dios me recorrió el cuerpo desde la cabeza a los pies tres veces. Fui sanada total, completa e instantáneamente. Toda la debilidad y el dolor desaparecieron. Las llagas se cerraron completamente. Treinta y dos días bajo un régimen de los antibióticos más fuertes que el hombre conoce no habían funcionado, pero en un momento con el rey Jesús todo estuvo bien.

Sufrí esa transformación justo delante de aquellas personas. Ellos no comprendían todo el significado de lo que había sucedido, pero yo sí y Dios también.

¡Al día siguiente me puse mis zapatos deportivos y fui a trotar! Era un verdadero milagro.

Fuego en derredor y gloria en el interior

Dios ha prometido ser fuego a nuestro alrededor y gloria en nuestro interior. Él protegerá y habitará en su pueblo. Deseamos que Dios sea una pared de fuego en derredor nuestro. Deseamos que su gloria llene cada rincón de nuestro ser. Él está en busca de un lugar donde su gloria pueda habitar. Está buscando lugares de reposo, casas y templos vivientes rendidos completamente a Él de modo que pueda venir y habitar en ellos.

> ¡Grita de alegría, hija de Sión! ¡Yo vengo a habitar
> en medio de ti! —afirma el Señor—.
> —Zacarías 2:10

El Señor todopoderoso vivirá entre nosotros. Habitará dentro de nosotros. Peleará por nosotros porque ama a sus hijos. Tenemos que familiarizarnos con el latido de su corazón. Tenemos que saber cuándo correr, cuando reposar y cuando liberar. Es así como llevaremos a cabo los sueños que Él nos da. Hay algo en cultivar nuestros corazones para traer placer al corazón del Padre que hace que el Espíritu Santo literalmente repose dentro de nosotros.

Quiere saber si hay alguien que nunca pensará en nadie más, alguien tan lleno de amor como para que pueda reposar dentro de esa persona. No logrará asustarlo. A Dios le encanta habitar en aquellos que lo aman. Le encanta reposar dentro de aquellos que no pueden vivir sin más de Él, que no les importa el costo, que están desesperados por Él. El Señor recorre toda la tierra en busca de hijos e hijas que desean estar totalmente poseídos. El Señor está buscando un lugar donde reposar.

¿Será usted?

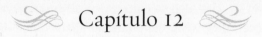

Capítulo 12

ABRACE *el* GOZO QUE ESTÁ DELANTE DE USTED

> *Por tanto, también nosotros, que estamos rodeados de una multitud tan grande de testigos, despojémonos del lastre que nos estorba, en especial del pecado que nos asedia, y corramos con perseverancia la carrera que tenemos por delante. Fijemos la mirada en Jesús, el iniciador y perfeccionador de nuestra fe, quien por el gozo que le esperaba, soportó la cruz, menospreciando la vergüenza que ella significaba, y ahora está sentado a la derecha del trono de Dios. Así, pues, consideren a aquel que perseveró frente a tanta oposición por parte de los pecadores, para que no se cansen ni pierdan el ánimo.*
>
> —HEBREOS 12:1–3

TENEMOS EL LLAMADO poderoso de llevar el corazón de Dios y de revelar su amor glorioso al mundo. Ninguno de nosotros puede imaginar totalmente o anticipar lo que el Señor tiene para nosotros o cómo será el viaje hacia su cumplimiento. No creo que María hubiera imaginado que iba a llevar un bebé en su vientre antes de casarse o que daría a luz al Hijo de Dios. Nunca habría anticipado la magnitud del llamado o el precio que tendría que pagar.

No creo que nada grande para lo que seamos llamados se produzca solamente a través de nosotros. Más bien, el precioso fruto de significado eterno se produce cuando el corazón de Dios se manifiesta en y a través de nosotros. A medida que caminamos obedientemente en las sendas que Dios prepara para nosotros, Él nos revela más detalles acerca de aquello para lo que hemos sido creados para hacer y cómo debemos hacerlo. Creo que el Señor, en su bondad, nos revela nuestro destino en etapas. Nos muestra su sueño y su deseo para el mundo.

Somos pinceles en manos del Maestro. Nosotros no podemos pintar, pero Él sí. Siempre le digo a Dios que si puede usar un burro, me puede usar a mí también. Pudiera usar una roca si quisiera. Si entendemos la cruz, sabemos que nuestras vidas no nos pertenecen; le pertenecen a Dios. Nos ha comprado por un precio. Con eso en mente, ¿para qué viviremos entonces?

Nuestras vidas no nos pertenecen

Cierto día estaba en una conferencia en el Oriente Medio cuando un conferencista que no sabía que yo estaba allí empezó a hablar. Evidentemente no tenía idea de que me correspondía hablar después de él. Debido a que me estaba preparando para ministrar, me sorprendí y desalenté cuando lo escuché hablar negativamente de mi vida y mi ministerio.

Quería esconderme. Quería salir corriendo y nunca hablar allí otra vez. Pero primero oré y sentí que el Espíritu Santo me dijo que mi vida no me pertenecía. Creí que Dios me había pedido que hablara en aquel lugar, de modo que obedecí. Cuando salí a aquel escenario me parecía que me estaba muriendo otra vez.

El Señor en su misericordia vino y tocó a las personas con poder. Una vez más me di cuenta muy claramente de que mi vida no me pertenecía.

Si somos sabios, escogeremos decir sí a Dios muchas veces durante el día. Diremos sí a adorar, a tener una actitud positiva, a liberar a las personas, a detenernos por amor a alguien cuando estemos apurados, a confiar en Dios en medio de una situación financiera aparentemente imposible. Nuestro sí es una elección diaria. Hay un sacrificio diario y una alegría diaria cuando participamos en los sueños de Dios para este mundo. Cuando lo hacemos, participamos con Jesús en los sacrificios que Él también hizo por el gozo que le esperaba. ¡Qué privilegio tan asombroso!

Trabajar juntos produce la cosecha

Dios quiere trabajar a través de cada uno de nosotros usando las personalidades y los dones únicos que nos ha dado. Los pinceles son únicos a menos que se produzcan en masa y, si es así, no son muy valiosos. Los pinceles son todos distintos y se usan para cosas diferentes. Dios expresa su amor a través de cada uno de nosotros de una manera única. Después de todo, las obras de arte originales son mucho más valiosas que las copias. A pesar que somos solo pequeños pinceles o pequeñas vasijas, somos hechos individualmente y nadie es como nosotros. El Espíritu Santo fluye a través de cada uno de nosotros, revelando el sueño de Dios para el mundo y nuestro lugar dentro de él. ¡Qué plan tan glorioso!

No obstante, no podemos hacer la obra de Dios nosotros solos. Necesitamos las manos y los pies y los corazones y las mentes de otras personas, todos trabajando juntos para hacer que el glorioso reino de Dios fructifique en la tierra. Nos necesitamos los unos a los otros.

Comencé a ver esto en una medida aún mayor cierto día cuando estaba orando con algunos amigos en Mozambique. Durante nuestro tiempo de oración tuve una visión de una enorme red de pescar que lanzaban del cielo. Cuando vi la red, me emocioné porque pensé que era una red para Iris Global que representaba todo el trabajo que haríamos y el crecimiento que veríamos.

Sentí como si el Señor se riera y me dijera que Iris Global era solo una pequeña parte de la vasta red. Me mostró algunas otras partes. Vi las Asambleas de Dios, la Casa Internacional de Oración, la Iglesia Betel, la iglesia de Toronto, los bautistas, Juventud con una Misión, los nazarenos, Operación Bendición, Visión Mundial y muchos otros movimientos a lo largo de todo el planeta. Cada uno estaba sirviendo al Señor y amándolo. Sentí que el Señor me dijo que solo cuando trabajemos juntos produciremos la cosecha.

Parte de mi destino es ver a un millón de niños venir a casa y recibir cuidado mientras yo esté viva. Me he dado cuenta de que la visión que tuve de la red de pescar tiene mucho que ver con ese destino.

Dios me ha permitido derramar mi vida en muchas personas. He tenido el privilegio de impartir su corazón a los niños y a los pobres alrededor del mundo. Cuando Dios enciende el corazón de las personas de esta manera, empiezan a rescatar niños. Los alimentan, les brindan un hogar y los educan. Aquellos que cuidan son parte de mi visión de un millón de niños. Los ministros que han pasado un tiempo en Iris y que luego se han ido para comenzar sus propias organizaciones también son parte de ello. La visión no es solo para Rolland y para mí; pertenece a muchos hombres y mujeres fieles alrededor del mundo. Es un legado para nuestros hijos y para los hijos de nuestros hijos.

Rolland y yo creemos que se nos ha llamado a animar a la próxima generación de amantes rendidos. A medida que corren desde la oscuridad hasta amar a los quebrantados y traer a los hijos perdidos a casa, queremos que nuestro techo se convierta en el piso de ellos.

Hay un precio por levantar a las nuevas generaciones, pero cuando las vemos florecer, ese costo parece nada. Cuando una madre entra en la labor de parto, siente un dolor terrible. Se produce un estiramiento. Los vasos sanguíneos se rompen.

Cuando cargué a mi primer bebé, Elisha, y lo miré a los ojos, me olvidé completamente del dolor del alumbramiento. Cuando estuvimos listos para tener otro hijo, no hubo ni un instante en el que el recuerdo del dolor me llevara a pensar que no quería hacerlo otra vez. Cuando llegó el momento, sostuve a mi hija Crystalyn en los brazos y sentí el mismo increíble amor. El gozo de tener un hijo es más grande que el costo del sufrimiento.

Lo mismo sucede con las cosas espirituales. Cuando uno ve a sus hijos e hijas levantarse y decir sí al destino que Dios extiende delante de ellos, se siente bendecido y privilegiado de haber podido pagar el precio para ayudarlos.

Luego de haber compartido el evangelio juntos durante más de treinta y siete años, Rolland y yo todavía ministramos juntos. Cada día nos enamoramos más de Jesús. Si tuviéramos otras mil vidas, las entregaríamos todas por amor. Cada aliento, cada momento, cada cosa que tenemos, ¡todo lo daríamos!

A medida que hemos ido envejeciendo, hemos pensado

mucho en el legado. Recientemente el Señor ha puesto en nuestros corazones que debemos crecer y apoyar no solo a Iris Global sino también a un mover de Dios mucho más grande que involucra a cientos y miles de hombres, mujeres y niños que se están lanzando sin temor a los lugares más oscuros de la tierra por amor al evangelio.

A continuación compartimos algunos de los testimonios de nuestros amigos e hijos espirituales que han dicho sí con todo el corazón a seguir al Cordero, sin importar a dónde los guíe.

Cassandra Basnett: Liberar amor en zonas de guerra y en burdeles

Estaba en Mozambique como una chica ignorante de dieciocho años. Me había graduado del colegio dos meses antes que mis compañeros para asistir a la primera escuela de misiones de Iris Global. Tenía tanta sed de Papá que, después de comer de un banquete todos los días en clases, a menudo aprovechaba las noches y pasaba algunos momentos más con mi Jesús.

Una noche cuando estaba totalmente sola, simplemente perdida en adoración, el escenario se transformó y tuve una visión de una zona de guerra. Mis ojos se abrieron y de repente ya no estaba en la comodidad del albergue estudiantil sino en un pozo con muchas decenas de personas. El aire se sentía denso por el peso del temor y había un hedor demasiado nauseabundo como para soportarlo. Tenía un sabor a sangre fresca en la boca que asumí que tenía algo que ver con el duro golpe que había sentido en la cabeza. Al mirar alrededor a los rostros aterrorizados que me rodeaban, rápidamente me di cuenta del motivo del pánico. ¡Nos estaban enterrando vivos! Era horrible.

Un grupo de soldados se reían y nos miraban embobados. Matarnos a nosotros por deporte era como un juego para ellos.

Clamé a Dios: "¿Dónde estoy y cómo rayos llegué aquí?". Al instante la escena cambió. Nada había mejorado. De repente era un soldado. Al mirar mi cuerpo, vi que estaba usando un par de botas y un pantalón de camuflaje del ejército. "¡Oh, Jesús, esto es peor!", grité.

Otro rebelde me tocó el brazo y asintió en señal de aprobación. Llorando otra vez, desesperada por mi Salvador, no podía imaginar qué iba a hacer si la visión continuaba.

Y entonces lo vi a Él, la misma personificación de la paz y el amor. Se unió al grupo con mucha gracia y humildad. Mientras lo miraba, se acercó y tomó a uno de mis camaradas rebeldes. Tomándolo de la mano lo trajo hacia Él, muy cerca. El joven guerrero ahora estaba en el regazo de Jesús. Nunca en mi vida había visto tanto amor. El resplandor en sus ojos era tangible y sentí que la esencia de mi ser se transformaba con el solo hecho de mirar la interacción entre ellos.

El asesino, terrorista y violador conoció a su Papá por primera vez. Sin condenarlo lo recibió como su hijo y se abrazaron. Fue un momento santo que me dejó totalmente sin habla.

Y luego, cambiando la vista por primera vez, mi Papá miró en mi dirección y lo sentí diciendo: "Odio lo que hacen, pero amo lo que son, quién los he hecho que sean".

Cada parte de mi anterior "teología de la justicia" se había hecho pedazos y una comprensión totalmente nueva del amor de Papá me inundó.

Aquí estaba, la más improbable de los candidatos: una joven soltera sin ningún título atractivo, sin dinero, sin estrategias novedosas y que se aterrorizaba al hablar en público. Pero mis limitaciones parecieron ahogarse en el latir del corazón de mi Papá que clamaba por una generación de proxenetas y caudillos militares perdidos que Él anhelaba rescatar y convertirse en su Padre.

Fue en ese momento, mientras estaba completamente perdida en su amor, sin siquiera comprender del todo lo que estaba sucediendo y con cada fibra de mi corazón, exclamé: "¡Yo iré! ¡Envíame a los territorios dominados por los rebeldes! Iré a buscar a tus amados, para verlos reunidos".

Y así lo hizo.

Desde Mozambique Papá comenzó a llevarme por todo el mundo, inundándome con una profunda pasión de ver la restauración llegar a las zonas de guerra y a los burdeles, a los proxenetas y las prostitutas, a los caudillos militares y a las víctimas de violaciones. ¡Nada parecía imposible en los brazos de un Papá tan perfecto! El norte de Sudán, el norte de Uganda, la República Democrática del Congo, Tailandia, era un recorrido que hacía sometiéndome a su voz a cada instante, dejando que Dios me asombrara en algunos de los callejones y de los infiernos más traumáticos de la tierra.

Para el momento en que el polvo se aplacó y mi época de visitar algunos de los lugares más oscuros terminó, tenía dos casas, una en una zona del Congo clasificada como roja por la ONU y otra en un pueblo a lo largo de la costa de Kenya cuya principal actividad es la trata sexual, que fueron los lugares donde yo había comenzado.

¿Y ahora qué? Todavía estaba joven y no tenía nada más que una obsesión por la mirada en los ojos de mi Padre, se trataba de "hundirme o nadar". Rápidamente aprendí que es en esos lugares secretos y en los anhelos del corazón de Dios que las transformaciones tienen lugar. No está en busca de muchas cualidades personales o de logros basados en los méritos; todo lo que está buscando es su sí, que usted se pierda tanto en su mirada que ni siquiera un ejército de rebeldes pueda sacudir su confianza de quién es usted como hijo de Dios.

Aunque mi corazón estaba ardiendo por los soldados y los proxenetas, mi cola de caballo rubia parecía más un impedimento que una puerta abierta a estos lugares. Fue allí una vez más que me di cuenta de que si debía producirse un cambio, sería cien por ciento intervención divina. Esto me mantuvo sin llamar mucho la atención y de manera dependiente por completo, algo que había aprendido durante mis primeros días en Mozambique y que todavía resonaba en mis oídos.

Y Dios nunca me defraudó. Puertas inesperadas se abrían por gracia para mostrar amor a un asesino o a un agresor sexual y compartirles el corazón de Papá. Y vez tras vez el cielo se acercaba y las vidas nunca más eran las mismas, tanto las de ellos como la mía.

En la actualidad, todavía sin entender demasiado el "cómo", hemos visto escuelas construirse en zonas de conflicto, negocios establecerse, niños soldados rescatados y niñas prostitutas regresar al hogar. La presencia de Dios continúa expandiéndose mientras nos mantenemos sin llamar mucho la atención y decimos sí, viendo las imposibilidades rendirse a medida que simplemente nos perdemos en la mirada perfecta de nuestro Papá.

Rabia Rene Emilio Ojomodave: De huérfana a hija y madre

Los viejos recuerdos de cuando viví en el Centro Educacional de Chihango en 1995 todavía están muy claros en mi mente. Era huérfana. Mi alma a menudo se abrumaba con sentimientos de abandono y falta de amor y cuidado. No tenía absolutamente a nadie con quien compartir mis sentimientos.

Aquel año el Señor envió a su sierva Mamá Aida (Heidi) a Chihango. Ella me presentó a Jesús, el glorioso Salvador de mi alma, a quien he aceptado como mi Señor y he entregado mi vida.

Mi vida cambió completamente. Me bauticé y nunca más me sentí abandonada porque tenía a alguien con quien compartir mi dolor y que secara mis lágrimas. Jesús se convirtió en la fuente de mi vida.

No mucho después tuvimos que enfrentar algunas pruebas difíciles. El gobierno nos sacó a todos del centro de niños de Chihango. Mamá Aida y sesenta niños tuvimos que salir. No teníamos ningún lugar a donde ir, de modo que Mamá Aida nos llevó a un pequeño departamento que funcionaba como oficina. Atravesamos muchas dificultades porque ella no tenía suficiente dinero para alimentarnos a todos.

Fue allí que vi un milagro por primera vez en mi vida. El día que sucedió todos estábamos muy hambrientos y no teníamos nada de comer. De repente una señora llamó a Mamá Aida y dijo que prepararía almuerzo y se lo traería a su familia. Pero Mamá Aida no le dijo que además de su familia inmediata, tenía a sesenta de nosotros quedándose con ella.

Esta señora preparó comida suficiente solo para Mamá Aida y su familia, y la trajo en vasijas pequeñas. Cuando llegó, Mamá Aida nos llamó a todos. Su amiga se disgustó y le preguntó a Mamá Aida por qué no le había dicho que había otros sesenta niños con ella. Mamá Aida respondió que no había problema y que solo iban a orar.

Después que oramos, comenzamos a servir la comida.

¡Entonces vi con mis propios ojos cómo el Señor la multiplicó! Mientras más servíamos, más comida teníamos. La comida que estaba en las pequeñas vasijas no se agotaba. Todos comimos y hasta sobró comida.

A lo largo de los años he pasado muchas pruebas. Pero en todas las dificultades que he atravesado, nunca he sentido que Jesús me ha abandonado. Estaba, está y siempre estará conmigo. He aprendido que las raíces del creyente se profundizan cuando pasa por pruebas.

Una de las mayores dificultades por las que he pasado en mi vida fue con mi esposo. Atravesó una etapa en la que comenzó a ingerir drogas y a tomar alcohol. Fumaba y dormía con prostitutas. A veces llegaba tarde en la noche a la casa mientras yo estaba durmiendo, traía a otras mujeres a nuestro dormitorio y tenía sexo con ellas allí mismo. Yo perseveré en oración con la fe de que iba a vencer esos problemas. Y Dios intervino en nuestras vidas. Una de las mujeres con que durmió mi esposo salió embarazada de él. Ella no quería al bebé, de modo que yo decidí llevarlo a nuestra casa y criarlo como mi propio hijo. Mi esposo se transformó completamente. En la actualidad, además de nuestros propios hijos, también cuidamos a otros jóvenes que, así como yo en Chihango, no han tenido a nadie más que los cuide.

> Encomienda al Señor tu camino; confía en él, y él actuará. Hará que tu justicia resplandezca como el alba; tu justa causa, como el sol de mediodía.
> —Salmo 37:5–6

Doy gracias a Dios por todo lo que ha sucedido en mi vida. Creo que, tal como lo dice la Palabra de Dios, aquellos que creen en Jesús nunca serán decepcionados.

Jennifer Mozley: misiones en África y en China

No provengo de una historia familiar de ministros. No sabía mucho acerca de la vida de las misiones ni del cristianismo hasta que conocí a Jesús de una manera santa y poderosa cuando tenía veintinueve años. Cuando comencé a caminar en esta vida nueva con Jesús, mi corazón siempre declaraba: "¡Iré a donde tú quieras que vaya, pero si no vas conmigo, entonces no quiero ir!".

La primera vez que sentí que el Espíritu Santo me llamaba a China fue en la base de Iris en Maputo en la época de Navidad del año 2002. Estaba sola caminando por la cocina cuando escuché al Espíritu Santo claramente decir: "China".

No tenía la menor idea de lo que aquello significaba en aquel momento. ¿Por qué estando en África iba a escuchar China? Al año siguiente mi esposo y yo regresamos a la base en Maputo y escuché que el Espíritu Santo me dijo otra vez: "China". Eso era realmente extraño. ¡Una nación que no conocía ardía en mi corazón más profundamente que ninguna otra! Nunca había estado en China ni sabía nada de ese país.

Mi esposo y yo comenzamos a orar acerca de la idea de dejar nuestros empleos y dedicarnos al ministerio a tiempo completo. Nos encantaba lo que estábamos experimentando en África todas las Navidades mientras visitábamos la base de Iris. Sentíamos que Dios nos estaba guiando a Pemba, Mozambique, a servir con Iris Global.

Dos años antes de que nos mudáramos a África para matricularnos en la Harvest School of Missions [Escuela de misiones] fui sola a una reunión de oración mientras mi esposo Mark estaba fuera del pueblo. El líder de la reunión de oración, un buen amigo nuestro, comenzó a profetizar sobre mí que había escuchado a Dios decir que Mark y yo iríamos a China y haríamos muchas cosas maravillosas allí. Luego, aproximadamente treinta minutos después, un joven vino a la reunión de oración sin saber nada de lo que se había orado con respecto a mí. Interrumpió el tiempo de oración y dijo: "Señora, no sé quién es usted ni lo que esto significa, pero no ceso de ver un mapa de China sobre usted". Me dijo el nombre de la ciudad y luego continuó diciéndome algunas cosas muy específicas de mi vida que solo Dios podía saber.

¡Esto realmente me llamó la atención! Continuó profetizando acerca de lo que Dios quería hacer a través de nosotros en China y de cómo veríamos al Señor moverse de una manera poderosa entre los diferentes grupos étnicos del país. Yo estaba doblada en el piso mientras profetizaban aquellas cosas. El poder del Señor estaba sobre mí de una manera santa y no podía ignorar lo que estaban diciendo. Así que comencé el viaje con el Espíritu Santo en oración mientras Él continuó hablando a mi corazón acerca de China durante los dos años siguientes.

Después de aquella reunión de oración, al día siguiente me fui a trabajar y me subí a mi escritorio para observar de cerca el enorme mapa del mundo que estaba sobre mi estación de trabajo. Le pedí a Dios que me mostrara dónde estaba esa ciudad en particular. Dios fue fiel en contestar rápidamente esa oración y resaltó delante de mis ojos aquel lugar en China. ¡Era asombroso!

Aproximadamente dos años después el Señor nos dijo que primero fuéramos a África y sirviéramos con Iris (¡si ellos podían recibirnos!). Mark también recibió muchas confirmaciones de parte del Señor acerca de África. Al principio tuve miedo de ir, hasta que fui a una conferencia en Londres un año cuando Rolland Baker estaba hablando. En la conferencia Dios me impactó profundamente con la confirmación de que África era el lugar adonde debíamos ir. Me desmoroné después de que Rolland oró por mí. Dijo cosas a mi corazón que me liberaron de todo el temor. Aquella noche me rendí al corazón de Dios para nosotros con respecto a que viajáramos a África.

En el 2007 Mark y yo fuimos a la escuela de misiones de verano y nos quedamos allí después que se terminó. Teníamos un currículo de libros para leer durante nuestro tiempo en esa escuela. Uno de los libros era acerca de los abuelos de Rolland, quienes tenían un grupo de jóvenes huérfanos que vivieron un poderoso mover del Espíritu Santo. Vieron visiones del cielo y del infierno y experimentaron un profundo arrepentimiento por sus pecados, todo eso sin un conocimiento o una enseñanza previa de la Biblia.

Pero lo que me llamó la atención a medida que comencé a leer el libro fue el lugar donde ocurrió eso en China, ¡era la misma ciudad de la que Dios me había hablado hacía dos años! ¡Asombroso! También descubrí que era el lugar donde había nacido el fundador del ministerio en el que iba a servir. Estaba muy sorprendida. Durante nuestro tiempo en la escuela el Señor nos conectó con misioneros que ya estaban sirviendo en esa ciudad. Estaban de visita en Pemba durante aquella época, lo que era inusual, porque no venían muy a menudo.

Servimos en Pemba durante más de dos años antes de que escucháramos algo más de parte del Señor acerca de su deseo de que sirviéramos en China. Pero en el verano del 2009 Dios comenzó a poner en mi corazón y en el de mi esposo que el momento para mudarnos a nuestro nuevo hogar en Asia había llegado. Nos mudamos allí en el 2010 y estamos comenzando a ver olas de avivamiento surgir. ¡Estamos listos para tomar el manto que H. A. Baker dejó en aquella ciudad y llevarla hacia nuevas alturas en el Espíritu!

Mark Mozley: encuentro con la presencia de Dios

Debido a que crecí en una iglesia occidental, siempre encontraba una tensión entre lo que la Biblia decía versus la manera en que mi vida lo reflejaba. En realidad ambas cosas estaban a kilómetros de distancia. Era como si la Biblia fuera un libro de fantasía. Yo era un carismático que hablaba en lenguas y que podía recitar versículos y declarar las promesas pero no sabía nada de la verdadera intimidad con Jesús, del verdadero poder del Espíritu Santo ni del verdadero amor del Padre.

Entonces, en julio del 2002, Heidi Baker vino a nuestra iglesia. Durante los tres días siguientes mi vida se viró totalmente al revés. La presencia de Dios descendió poderosamente sobre la reunión mientras ella hablaba. Sentí que Jesús me estaba hablando desde las primeras palabras que había dicho. No creo que fuera porque hubiera dicho algo particularmente profundo, pero las historias que contó acerca de su vida entre los pobres en Mozambique me quemaron el corazón. Dios estaba en esas historias, en su mensaje y en su vida. Su presencia era tangible. De repente todo cambió. ¿Era posible que la Biblia fuera real después de todo? ¿Podían en realidad experimentarse ahora todas las historias y las promesas de Jesús que estaban en este libro?

Muy pronto llegué a la conclusión de que la realidad de vivir una verdadera vida del reino no solo era posible sino también que, al parecer, estaba sucediendo en la vida de Heidi, de su esposo Rolland y de los niños con los que trabajaba en Mozambique. Me desmoroné y lloré en el altar después del mensaje durante horas y horas. Me sentía tan feliz y a la vez tan triste porque hasta ese momento mi vida había estado llena de tanta "paja" e hipocresía. Las lágrimas me rodaban por el rostro y no me podía mover porque estaba en la presencia del Único. Por primera vez en mi vida estaba verdaderamente encontrando a Dios y, así como Isaías cuando se sintió totalmente sucio, no podía ponerme de pie. El Santo estaba allí y nada más importaba. Miles de sermones, cientos de libros o una docena de conferencias no podrían haber remplazado el impacto de aquel encuentro. Estaba deshecho y por primera vez en mi vida Él era verdaderamente todo lo que importaba.

Después de la conferencia hice planes con mi amiga Jennifer para ir a visitar a los Baker en Mozambique. Seis meses después fuimos y nos encontramos con Dios una y otra vez en el polvo. Amamos a los niños, fuimos testigos de milagros en pueblos periféricos y nos sentamos con personas que parecía que estaban terminando el libro de Hechos.

Regresamos a casa y todo cambió en mi vida y mi ministerio. Estos significativos encuentros tenían que conducir a un cambio. Este nuevo vino necesitaba odres nuevos. La vida de la iglesia cambió. Las reuniones dominicales ya no me satisfacían. Nos fuimos a las calles y predicamos y oramos por los enfermos. Hacíamos todo lo que podíamos para probar que el Libro era real y que un encuentro con Jesús era posible. Mi amiga Jennifer y yo nos casamos y regresamos a África en dos ocasiones durante los siguientes tres años. Con cada viaje nos enamorábamos más de Jesús y nos volvíamos cada vez más incapaces de continuar viviendo nuestras vidas como solíamos hacerlo en casa. Tuvimos el asombroso privilegio de mudarnos a Mozambique para trabajar con Iris Global en el año 2007. Luego, en el 2010, sentimos el llamado del Padre de movernos hacia el este y trabajar con Iris Global en Asia, donde estamos en la actualidad.

Nuestro tema del ministerio sigue siendo el mismo. Una vez que uno encuentra a Jesús, todo cambia. Nuestro trabajo es simple: preparar a las personas para ese encuentro y preparar el camino del Señor, como lo modeló tan bien Juan el Bautista. Y una vez que se encuentran con Jesús, quien ha deseado encontrarse con ellos toda la vida, caminamos con ellos a lo largo del proceso de continuar encontrando a Dios y posibilitar que otros hagan lo mismo. El Reino de Dios viene y el discipulado se desarrolla. Que nunca nos desviemos de esta sola cosa: que nuestro fruto fluye de la intimidad y que esa intimidad fluye de encontrar el amor del Padre.

Lyle Philips: abolicionista moderno

Cara a cara con la esclavitud

Mi primer encuentro con niños esclavos sacudió lo más profundo de mi ser. No sabía cómo procesarlo. Allí estaba, parado en el filo de un gran acantilado en la India, mirando abajo a cientos de niños que estaban trabajando frenéticamente para sacar enormes pedazos de roca pizarra de una cantera.

Aquellos niños estaban sucios, medio desnudos, malnutridos y maltratados. Cuando comencé a caminar por la cantera con algunos amigos, conocí a un hombre que se presentó a sí mismo como el jefe. Obviamente no le gustaba la idea de que estuviéramos allí. Queríamos obedecer las instrucciones del hombre, pero logramos convencerlo que lo único que queríamos hacer era visitar a algunos de los niños. Aunque no nos permitió continuar, sí permitió que algunos de los niños de la cantera se acercaran a donde estábamos.

Conocí a una niña y a un niño pequeños. La niña parecía tener doce años, pero no tenía idea de su edad. El niño dijo que tenía nueve. Cuando miré a aquella pequeña niña a los ojos, pude ver el abuso, el dolor y la desesperación. Supe que necesitaba ayuda. La forzaban a trabajar en condiciones terribles durante más de diez horas diarias, todo por solo una comida. Tenía otras tres hermanas mayores que durante algún tiempo habían trabajado con ella, pero todas se habían suicidado. Lo que empeoraba aún más las cosas era que cada noche hombres mayores que trabajaban en las canteras la violaban varias veces y la vendían a amigos del jefe.

Deténgase ante cada persona

En el 2008 estaba sentado en el piso bajo un techo de guano en el calor sofocante del verano africano. Estaba escuchando a Mamá Heidi Baker predicar a más de cien ministros de todo el mundo. Nunca había escuchado historias como las suyas. Nunca había visto un estilo de vida como el que ella modelaba. Lo quería. ¡Quería convertirme en un amante rendido de Jesús! Quería amar y servir a los pobres como ella lo hacía.

Fue allí en Mozambique, África, que aprendí acerca del corazón humilde de Dios el Padre. Fue allí que recibí el llamado al ministerio. Un día en la Escuela de Misiones de Iris escuché a Heidi decir: "Todos hemos sido llamados a las naciones pero, ¿a qué naciones? ¿A qué grupo étnico? ¿Por quién entregará usted su vida?" En aquel momento empecé a indagar acerca del plan específico de Dios para mi vida como ministro y a preguntarle cuáles eran mis naciones.

Durante los meses siguientes Dios me mostró la India y muchas otras naciones. Nunca había estado en la India y no conocía nada acerca de ese país. No tenía ningún afecto natural por la nación y ¡ni siquiera me gustaba la comida de la India!

Luego de llegar a casa al regresar de Mozambique, comencé a preparar en oración mi corazón para mi visita a la India. Oraba y ayunaba a menudo. Leía noticias de la India y veía películas de ese país. En aquella época CNN presentó un reportaje donde decía que había aproximadamente 1.2 millones de niñas prostitutas en la India.[1]

Sabía que el momento de partir llegaría pronto y sabía exactamente lo que quería hacer una vez que llegara allí: rescatar a las niñas prostitutas.

Y ahí estaba, cara a cara con una niña prostituta en una cantera en la India. Todo para lo que me había preparado en oración y en la Escuela de Misiones de Iris estaba ahora en primera fila y delante de mí.

"Te vamos a sacar de aquí", le dije a la niña, pero desvió la mirada con incredulidad, sin esperanza.

"Lo prometo", le dije con la ayuda de un intérprete indio.

Estábamos deteniéndonos por ella. Sin importar lo que costara, sin importar la responsabilidad, esta niña se iría a casa con nosotros a recibir amor y un cuidado apropiado.

Pasamos tres días negociando por su libertad. Rescatarla a ella y al otro pequeño niño a su lado terminó

---

1 CNN, "Official: More Than 1M Child Prostitutes in India" [Oficial, más de un millón de niños en la prostitución en la India], 11 de mayo de 2009, http://edition.cnn.com/2009/WORLD/asiapcf/05/11/india. prostitution.children/ (consultado en línea el 27 de agosto de 2013).

costándonos todo lo que teníamos en nuestra cuenta bancaria. Quedamos en bancarrota por ellos.

El día que salía de la India fue el día que la liberaron oficialmente. Tuve que irme temprano en la mañana para coger el vuelo, de modo que no pude acompañarla a su nueva casa, nuestra primera casa de niños de Iris en Andhra Pradesh, India. Pero pude hablar con ella por teléfono. Entre lágrimas, con las pocas palabras en inglés que sabía, repetía "gracias" una y otra vez hasta que yo también me convertí en un mar de gratitud a Jesús mientras abordaba mi vuelo de regreso a los Estados Unidos.

¡Somos abolicionistas!

Estos niños pequeños fueron los primeros niños esclavos y prostitutas que conocí, los primeros niños esclavos y prostitutas que Iris Andhra Pradesh recató. Y eso fue solo hace tres años. Actualmente nos sentimos como espectadores a medida que Dios se muestra continuamente en esas canteras.

Los jefes también se están salvando. Jesús los está encontrando en sueños y visiones. Los niños están siendo liberados, más que solo uno o dos a la vez por precios altísimos. Hasta el día de hoy hemos visto más de cuatrocientos niños y niñas liberados, y rescatados de esas canteras de roca. Son recibidos en una de las ocho casas para niños que están ubicadas en todo el estado de Andhra Pradesh. En total, Iris Andhra Pradesh está cuidando a seiscientos niños en el momento en que se escribe este libro.

Lo que comenzó como una oración en Pemba, Mozambique, se ha convertido ahora en un trabajo viviente entre algunas de las personas más pobres y más desesperadas del mundo. Vivo en la India durante algunos meses del año y pastoreo una iglesia Iris en Nashville, Tennessee, el resto del tiempo.

Si hay algo que he aprendido al convertirme en parte de la familia Iris es esto: ¡el avivamiento verdaderamente comienza con los pobres! Heidi y Rolland son mis padres espirituales y es un gran honor para mí rendir mi vida junto con ellos para Jesús. ¡El costo es alto, pero la recompensa es de Él y Él lo merece!

Nick y Marlene Boyd: nuestro sí para su gloria

Cuando finalmente le dijimos sí a Dios y nos mudamos al otro lado del mundo a Tete, Mozambique, para rescatar a niños huérfanos que vivían en las calles, sabíamos que decir sí no siempre sería fácil. Nos mudamos a Mozambique un mes después de casarnos. Estábamos bastante conscientes de que nuestra nueva aventura para cambiar al mundo tenía sus retos. Pero ni siquiera imaginábamos cuán grandes serían esos retos.

A las 2:00 a. m. del 21 de febrero del 2013, nuestras vidas cambiaron para siempre. Dos hombres llegaron a nuestra casa, atacaron al guardia, lo amarraron y lo tiraron a la maleza al otro lado del camino. Rompieron los candados de la puerta trasera, la abrieron y entraron a nuestra casa.

Continuaron avanzando hacia el frente de la casa y entraron al dormitorio donde Brooke, nuestra empleada, estaba durmiendo. Le ataron las manos y uno de los hombres intentó violarla. Le preguntaron si había alguien más en la casa y le dijeron que si gritaba la matarían. Ella les dijo que nosotros estábamos en la casa, de modo que la forzaron a conducirlos a nuestro dormitorio. Le ordenaron que solo dijera nuestros nombres para que abriéramos la puerta. Le dijeron que si trataba de hacer cualquier otra cosa, la matarían.

Nos llamó a Marlene y a mí (Nick) llorando. Marlene, sobresaltada, me apretó el brazo y dijo: "¡Querido, hay alguien en nuestra casa!".

Yo salté de la cama con el corazón que se me quería salir del pecho y busqué algo con lo que pudiera golpear al que fuera que estuviera al otro lado. Encontré un objeto pesado y abrí la puerta, pero antes de que pudiera hacer algo, tenía un machete en la garganta y dos hombres se abrieron paso hacia la habitación. Nos lanzaron a todos a la cama y nos dijeron que había otros ocho hombres afuera con armas, de modo que no debíamos intentar nada estúpido.

Cuando empezaron a amarrarnos, Marlene les dijo que no tenían que robar. Les dijo que Jesús los amaba y había muerto en la cruz por ellos y que tiene un propósito para sus vidas. Les dijo que Jesús podía ser su proveedor de la misma forma en que nos había provisto a nosotros.

Los hombres le dijeron que se callara. No querían escuchar nada acerca de Dios. Entonces uno de ellos agarró a mi esposa y la llevó a otra habitación. El corazón se me hundió. Sabía que tenía que desatarme las manos para tratar de sobrepasar al hombre que nos estaba vigilando con un machete y rescatar a mi esposa.

Mientras trataba de desatarme, escuché a mi esposa gritar. Arremetí contra el atacante que estaba frente a mí. Me lanzó de vuelta a la cama con el machete en mi garganta, amenazando con matarme si me movía otra vez. Nunca me he sentido tan incapaz en mi vida. Todo lo que podía pensar era: "¿Qué le está haciendo ese hombre a mi esposa?".

Supliqué que la sangre de Jesús estuviera sobre ella para protegerla. Luego de solo unos minutos el hombre la trajo de vuelta a la habitación y la lanzó a la cama. Le puso una camiseta en la boca y la amarró para que no pudiera quitársela. Marlene no podía respirar y comenzó a sufrir un ataque de pánico. Parecía que iba a morir mientras hacía un gran esfuerzo para respirar. Le supliqué al atacante que me matara a mí y la dejara vivir a ella. Finalmente desató la camiseta para que pudiera respirar otra vez.

Comenzaron a virar al revés nuestra casa, exigiendo que le diéramos dinero y cualquier objeto de valor. Se llevaron prácticamente todo lo que teníamos, lo empacaron en nuestras maletas y salieron por la puerta trasera.

La revelación de amor incondicional de Marlene durante el ataque

Aproximadamente un mes antes del ataque Jesús había comenzado a prepararme (Marlene) para lo que iba a suceder. Me pidió que dedicara todas mis mañanas a alimentarme, leyendo las Escrituras y pasando tiempo con Él. Verdaderamente pienso que si no hubiera tenido ese tiempo de preparación, habría estado llena de ira, enojo y odio hacia esos hombres en vez de tenerles compasión, sabiendo que no conocían a nuestro Salvador.

Nunca entendí completamente el amor incondicional hasta aquella noche cuando nos atacaron. Mientras estaba amarrada en una habitación separada de mi esposo y siendo abusada sexualmente, lo único que podía hacer era orar para que Jesús tuviera misericordia del atacante. Aquella oración me pasaba por la mente una y otra vez.

Jesús me mostró un destello de cómo lucía el amor incondicional. Ahora me doy cuenta de cómo Jesús pudo amarme y morir por mí incluso antes de que yo lo amara o lo conociera. Por eso le estaré siempre agradecida.

Más revelaciones una semana después del ataque

Mientras nos recuperábamos en Pemba después de leer cientos de mensajes de personas que no podían entender por qué no hacíamos las maletas y regresábamos a los Estados Unidos, yo (Marlene) comencé a preguntarle a Jesús por qué no pensábamos igual que el resto del mundo. La mayoría de las personas decían que debíamos odiar a esos hombres y vengarnos de ellos. Me preguntaba si había algo andaba mal con nosotros.

Sentí que la respuesta de Jesús fue: "¿Y si les permití a esos hombres que vinieran e hicieran lo que hicieron porque sabía que tú los amarías y les hablarías de mí? ¿Y si sabía que tú serías la única que les hablarías acerca de mí? ¿Y si esa era su única oportunidad de escuchar que morí por ellos y que tengo un futuro y un propósito para sus vidas?".

Me preguntó dos veces y esperó mi respuesta. Mi respuesta fue que entonces había valido la pena. Nuestro corazón, nuestra pasión y nuestra misión es compartir el evangelio y el amor de Jesús con todos los que coloca en nuestro camino. Me siento honrada de que en la situación más difícil Jesús me escogió para ser su voz y hablar de su amor incondicional.

Nuestro amor por Dios y por nuestros niños es lo que nos hace continuar cada día. Todos los días no son fáciles, pero descansamos sabiendo que Jesús ya pagó el precio en la cruz. Nos ha llamado a ser una luz en lugares oscuros, a amar a aquellos que parece imposible amar y a cambiar el mundo, una persona a la vez.

Mary-Ann: belleza en prisiones y en zonas de guerra

A los diecinueve años, pasaporte en mano, estaba lista para salir de Inglaterra y comenzar un viaje de descubrimiento para encontrar a Dios. Sin otra ambición en la vida, decidí que dedicaría mi vida a viajar por el mundo en busca de alguien que pudiera mostrarme el camino. Ver tanto sufrimiento en el mundo me llevó a creer que se necesitaba una revolución, pero no sabía lo que eso era. Mi corazón ardía con preguntas que nadie podía responder. Inesperadamente, antes de dejar mi habitación, el Espíritu Santo me visitó poderosamente y supe por primera vez que Jesús era muy real y que quería mi corazón.

Me convencí de que cuando Jesús derramó su preciosa sangre real en el polvo de la tierra, fue la única y más profunda y poderosa declaración del enorme amor de Dios por la humanidad. La luz de este poderoso amor era mucho más grande que cualquier oscuridad que pudiera existir. No podía haber ningún lugar en el mundo demasiado aterrorizante, peligroso o malvado adonde no pudiéramos llevarlo.

Ver la gloria de Dios como la había visto Moisés se convirtió en mi oración diaria. También supliqué con todo mi corazón que me enviara a donde nadie más quisiera ir y a lugares de donde otros huyeran. A menudo clamaba por mis hermanos y hermanas en Cristo que estaban sufriendo grandemente por su fe.

Sentí que el Señor me dijo que respondería el clamor de mi corazón y que vería su gloria, pero que sería en lugares inesperados: en los ojos de los pobres y entre los más despreciados de la tierra, incluyendo a los terroristas, prisioneros y violadores. Sentí que me dijo que me enviaría a los lugares de más sufrimiento en el mundo y que en esos lugares vería su belleza y revelaría el amor de la cruz.

Revolución de amor

Varios años después, cuando escuché a Heidi Baker hablar en una conferencia, cada fibra de mi espíritu se hizo eco de lo que estaba diciendo y con la manera tan tangible en que mostraba el amor de Cristo. Ella personificaba la misma revolución que estaba convencida que el mundo necesitaba. ¡Era una revolución de amor!

No mucho después me encontraba en las prisiones y en las cárceles de la nación tercermundista de Mozambique, sirviendo con Iris Global. Cuando veía a los malnutridos y harapientos prisioneros a medida que los visitaba, me impactaba su belleza; podía ver en ellos muy claramente la imagen de Dios.

Les conté a aquellos hombres las buenas noticias, que no estaban olvidados, que sus nombres estaban gravados en la palma de la mano de Dios. El Rey estaba en busca de sus preciosos corazones.

Comunidad de amor

El Señor comenzó a encontrarse con aquellos hombres poderosamente a través de sueños y visiones. Los milagros extraordinarios se volvieron usuales. Los ciegos y los sordos se sanaron, los síntomas de malnutrición desaparecieron y las viejas heridas fueron sanadas. Las atormentadoras pesadillas se terminaron y el dolor de la soledad y la vergüenza se acabó.

Me encantaba visitar las celdas especiales para las víctimas de SIDA, de tuberculosis y de las enfermedades más severas para decirles cuán preciosos y amados eran. Se quedaban impactados, no solo por las palabras que escuchaban sino también porque una mujer blanca de una nación próspera decidiera dejar atrás familia y amigos para venir a visitarlos en su estado tan vil y desesperado. Los quebrantados se sintieron amados, a menudo los paralíticos caminaron y esta comunidad de delincuentes comenzó a transformarse para convertirse rápidamente en una comunidad de amor.

Muchos hermanos recibieron dones creativos de manera sobrenatural. Algunos de repente comenzaron a hablar inglés y se convirtieron en traductores. Otros se hicieron artistas y comenzaron a dibujar los sueños que el Señor les daba. Aún otros recibieron habilidades musicales que anteriormente no habían tenido. Jesús murió para que tengamos vida y la tengamos en abundancia (Juan 10:10). ¡Él no es un Dios que se queda corto!

"¿Cómo puedo salvarme?"

La presencia de Dios se hizo muy tangible. En ocasiones, cuando caminaba por el corredor, los prisioneros me detenían y me suplicaban desesperados que orara por ellos. Me preguntaban cómo podían cambiar. Me preguntaban cómo ser salvos y seguir a Jesús. Aquellos eran momentos verdaderamente santos e inolvidables.

Cierto día durante una reunión un hermano testificó que Jesús se le había aparecido en un sueño y le había dicho que viniera a nuestra reunión para ser salvo. Esto no era un hecho aislado.

La demanda de Biblias con frecuencia era mayor que la que podíamos suplir. Los hermanos insistían en tener una escuela bíblica en la prisión porque estaban desesperados por aprender más de la Palabra de Dios.

Cuando llegaban visitantes de otras naciones, a menudo sentían la presencia de Dios enseguida que pisaban el suelo de la prisión. Los visitantes venían a Mozambique para encontrar a Dios, pero no se imaginaban que sería en una prisión. Muchos lloraban al experimentar el poder de Dios entre los más pequeños de la tierra.

Estuve en la cárcel y me visitaron.

—MATEO 25:36

El fruto perdurable de las vidas cambiadas y los corazones transformados afectó incluso a la policía y a los guardias de la prisión. A medida que se esparció la voz de lo que Dios estaba haciendo, se abrieron las puertas de otras cárceles y prisiones.

Colocábamos las manos en aquellos que salían y los comisionábamos como apóstoles, evangelistas e hijos de Dios. Aquellos que eran transferidos a otros lugares llevaban con ellos el fuego y el amor de Dios. Algunos de aquellos que regresaron a sus hogares y provincias también comenzaron ministerios en prisiones. Muchos se reconciliaron con miembros de la familia y con amigos. Familias enteras llegaron a conocer a Jesús y las comunidades cambiaron grandemente gracias a las vidas transformadas que vieron.

Esperanza en medio de la hambruna y la guerra

Luego de muchos años de aprender de mis hermanos en las prisiones y las cárceles de Mozambique, el Señor me guió a una región cerrada de África que estaba sufriendo una hambruna terrible. Las historias de madres que dejaban a sus bebés a un lado del camino para que murieran mientras ellas buscaban comida desesperadamente me partían el corazón. Aquella nación aparentemente sin esperanza había sufrido guerras constantes durante más de dos décadas y a menudo se referían a ella como la nación que Dios había olvidado. Al no tener ningún gobierno de turno, la anarquía, el terrorismo y la ilegalidad florecían.

Mi corazón se quebrantaba por las personas que estaban viviendo bajo el temor, bajo la amenaza de los caudillos militares y de los extremistas. Cuando le pedí a Jesús que me llevara allí, vi una visión de mis pies parados en medio del caos declarando su amor. Sentí que había recibido de parte del cielo la orden de orar y declarar la esperanza y la bondad sobre la tierra.

Fueron mis hermanos encarcelados los que pusieron sus manos sobre mí para comisionarme antes de mi partida. Fueron ellos mismos los que se comprometieron a orar mientras yo estuviera allá.

Belleza en los ojos de los moribundos

El Señor proveyó maravillosamente el dinero para mi pasaje de avión en mi camino a la agencia de viajes. Al día siguiente me encontraba en lo que la gente comúnmente llamaba el lugar más peligroso de la tierra. Era un milagro entrar a una nación donde era obligatorio tener estrictos ajustes de seguridad incluso antes de entrar en ella. El ejército tenía que dejarme en el aeropuerto al cuidado de un convoy de militares armados.

Sin embargo, el favor divino prevaleció y, de alguna manera, fue posible acceder a las oficinas de los funcionarios del gobierno. También tuvimos acceso a los campamentos que estaban imperiosamente necesitados donde cientos de miles de personas, desplazadas en su propio país, se reunieron con la esperanza de encontrar ayuda. Algunos de ellos solo comían una vez a la semana. Este era el epicentro de la peor hambruna que registra la historia.

La escena de niños y adultos famélicos a mi alrededor, con la esperanza de encontrar refugio debajo de los escombros que las bombas habían dejado, era horrible, más allá de toda descripción. Nada podría haberme preparado para lo que vi. Enfrenté un sufrimiento que iba más allá de cualquier cosa que pude haber imaginado en mi vida. Un médico me dijo que muchos morían a pesar de haberse curado de sus dolencias físicas debido a la desesperanza. Estas personas habían vivido demasiados traumas como para querer vivir. Aprendí la impactante verdad de que la desesperanza puede matar tanto como la enfermedad física.

Enseguida que entré al primer campamento, vi a un niño tirado en la tierra, sin moverse, con moscas alrededor de la boca. La madre lo miraba desesperanzada. No pude pasar de largo sin detenerme. Me sentí obligada a expresar de alguna manera compasión y consuelo. Cuando sostuve en mis brazos la silueta frágil y esquelética de aquel niño moribundo y miré sus ojos vidriosos y hundidos mientras el sonido de las balas aumentaba afuera, vi la belleza indescriptible de Dios.

Mi vida cambió para siempre. Jesús marcó mi corazón otra vez en favor de los más vulnerables, de los desamparados y de los moribundos. En aquel momento sentí que mi corazón se entrelazó con aquella nación devastada por la guerra.

Parques infantiles en zonas de guerra

Desde aquel momento mi corazón no ha dejado de arder por esta nación olvidada y por su gente que no sabe de Jesús. Poco tiempo después de mi primera visita el Señor me guió a iniciar una obra de caridad enfocada específicamente en la restauración de los lugares afectados por desastres extremos y guerra. Esto fue una gran sorpresa y una gran alegría. Sin embargo, significaba que una vez más enfrentaba el costo de dejar todo atrás con el objetivo de avanzar hacia el siguiente paso en mi destino.

Sigo yendo a esa nación (que ahora considero mi hogar) tan a menudo como puedo para continuar cumpliendo la orden de declarar la esperanza de Dios y su eterna bondad sobre la tierra. Desde mi primera visita puedo decir honestamente que el sufrimiento que he visto y experimentado ha sido mucho mayor que cualquier cosa que pude haber imaginado o siquiera pensado que podría existir en este mundo. Simplemente no hay palabras para describirlo.

No obstante, me siento más obligada que nunca a entregar mi vida completamente a liberar el amor y la esperanza en los lugares más malvados de la tierra, sin importar el costo. Tengo una visión de juegos y parques infantiles que se construyen en zonas de guerra como faros de esperanza y de personas desesperadas que comienzan a reunirse alrededor de la risa y no del dolor y la desesperación. Tengo una visión de niños que los han forzado a llevar armas o que han pasado sus vidas encerrados y encadenados como esclavos sexuales jugando libremente y comenzando a soñar. Esto, para mí, es una parte de cómo luce la belleza y la gloria de Dios.

Rolland y Heidi Baker son un ejemplo excepcional de aquellos que buscan y ven la gloria de Dios en los lugares más terribles. La vida de amor radical y de generosidad impactante de Heidi me desafía siempre que estoy cerca de ella. Ha entregado sin reservas su vida y ha pagado un precio mayor que cualquiera que conozco para que una generación se sienta desafiada a llevar la revolución de amor de Dios a la oscuridad. Es un gran honor y un privilegio correr esta carrera de amor hombro a hombro con una de mis mayores heroínas y mejores amigas.

Capítulo 13

NACIMIENTO SOBRENATURAL

> *Para Dios todo es posible.*
>
> —MATEO 19:26

TUVE UNA VISIÓN muchos años después de llegar a Mozambique en la que el Señor me mostraba cómo iba a liberar un movimiento de amor sobrenatural en toda la faz de la tierra. En esta visión fui al cielo y quedé suspendida sobre la tierra. Alrededor de la tierra, rodeando todo el globo, vi miles y miles de carrozas de fuego. Estaban llevando la gloria del Señor.

Dentro de cada carroza estaban sentados dos santos de Dios. Eran totalmente transparentes; no había nada escondido en ellos. No había oscuridad, nada estaba disfrazado ni cubierto en ellos. Eran transparentes y estaban llenos de gloria y de luz.

Había solo una mancha de color dentro de cada santo. Era un corazón enorme que iba de hombro a hombro. Era un corazón que latía con amor y pasión. Era un gran corazón rojo.

Miré al cielo y allí estaba Jesús. Es muy hermoso. Sus

ojos de amor me estaban mirando y me derretían, haciendo que mi corazón se ensanchara aún más.

Vi su corazón y estaba latiendo. Lo vi latir y lo escuché latir. Miré a los santos que estaban en las carrozas de Dios y cada enorme corazón de amor estaba latiendo al ritmo del corazón de Jesús.

Cada santo sostenía una resplandeciente espada de oro blanco y de ellas salían llamas de fuego. Se necesitaban dos manos, dos manos santas, para sostener cada espada.

Dos magníficos caballos blancos conducían cada carroza. ¡Estaban listos para correr! Tenían riendas en el cuello y frenos en la boca. Las riendas se extendían al cielo.

El Señor Jesús me dijo: "Dile a la iglesia: Libera el control. Yo sostendré las riendas de este avivamiento. Yo decidiré adónde correrán las carrozas. Dile a la iglesia que me dé las riendas. Santo es el Cordero".

Y luego vi la mano derecha del Señor justo por encima de su cabeza y gritó: "¡Ahora!". Cuando bajó la mano derecha, las carrozas de fuego y gloria comenzaron a correr a lo largo de la faz de la tierra.

A medida que las carrozas corrían por toda la tierra, el fuego de la gloria cayó sobre la tierra. El fuego de la gloria comenzó a arder en la tierra y la tierra estaba en llamas.

Pero hubo lugares en la tierra que se resistieron a la gloria, a la misericordia e incluso al amor de Jesús. Aquellos lugares sobre la tierra se cubrieron de una horrible oscuridad como nunca había visto antes. Eran huecos de oscuridad horrible que nunca podría haber imaginado.

Miré a mi Jesús y me dijo: "La espada es tanto la misericordia como el juicio. Para aquellos que reciban mi amor, hay gran misericordia, compasión, bondad y gloria, pero para aquellos que rechacen mi presencia, mi propósito, mi amor, hay gran oscuridad y juicio".

Vi desaparecer el color gris que estaba sobre la tierra. Había solo oscuridad y luz, y la luz se incrementaba hasta que la tierra ardía con fuego dondequiera que las carrozas corrían. Adondequiera que los santos transparentes con los grandes corazones de amor corrían sobre la faz de la tierra, había mucha luz, porque el amor de Jesús conquistaba la oscuridad que había en ellos.

El Señor me pidió que le preguntara a la iglesia quién cabalgará en las carrozas de gloria, quién llevará el gran corazón del amor de Jesús. ¿Quién cabalgará en las carrozas de gloria y no tocará ni robará la gloria? ¿Quién empuñará la espada santa del Señor con sus manos? ¿Quién liberará el control en las manos del Rey, del novio? ¡Santo, santo es el Cordero!

El momento es ahora

El Señor también me habló a través del nacimiento de uno de mis nietos en Mozambique. Uno de mis hijos adoptados, Jacinto, y su esposa Katie, estaban a punto de tener su segundo hijo. Yo estaba muy emocionada con ese nacimiento. También había estado presente en el nacimiento de su primer hijo, Micah.

Había un solo problema: Katie se puso de parto justo antes de que yo saliera del país para un viaje de conferencias. Estaba en una reunión con Jacinto cuando supimos que el parto había comenzado. Casi entré en pánico cuando miré el reloj y vi que solo tenía una hora antes de abordar el avión.

Su primer bebé había demorado treinta horas en nacer. No podía esperar tanto. ¡Y ciertamente Katie tampoco quería otro parto tan largo!

Cuando llegué a la casa, Katie solamente había dilatado

un centímetro. Vi a esta hermosa hija espiritual gritando de dolor y en ese momento no deseé nada más que no fuera que aquel dolor terminara. El médico quería que intentara caminar un poco, así que la sostuve de la mano y comencé a caminar con ella mientras oraba en el Espíritu.

De repente tuve un fuerte deseo profético. El Señor agitó mi corazón y comencé a declarar que iría de un centímetro a diez de dilatación, *ahora*. Nuestro médico me miró sorprendido, pero continué declarando la palabra en alta voz. Creo que mientras declaraba la palabra sobre Katie (y había otros intercesores también orando) un asombroso milagro ocurrió.

De repente Katie estuvo lista para dar a luz. Su bebé nació sobrenaturalmente rápido. Solo habían pasado cuarenta y cinco minutos desde que las contracciones fuertes empezaron, cuando dio a luz a un hermoso varón. Puede que haya sido el nacimiento más fácil que alguna vez haya visto.

Ella le puso a su hijo Daniel Timothy.

Alcé mi nieto a Jesús y lo dediqué al Padre Dios. Luego se lo entregué a Jacinto y salí para el aeropuerto y subí al avión justo a tiempo.

Cuando atravesamos temporadas y pruebas dolorosas en nuestras vidas, no queremos que nuestro sufrimiento se prolongue. Creo que el niño de Katie salió tan sobrenaturalmente rápido como una señal profética de los tiempos. Muchos de ustedes han recibido palabras proféticas y promesas que pareciera que requieren largas y difíciles transiciones antes de que puedan hacerse realidad. Puede que usted haya comenzado a sentir que esas promesas nunca van a hacerse realidad porque a usted no le queda suficiente tiempo como para verlas cumplidas. Creo que esta palabra es para usted y que ahora es el tiempo para que la promesa de Dios nazca de manera sobrenatural en su vida.

Unos meses después otra hija espiritual, Dominique, que estaba en Atlanta, debía dar a luz su primer bebé. Había escuchado el testimonio del nacimiento sobrenatural de Daniel y lo recibió como una palabra personal para ella. Había decidido que cuando entrara en la labor de parto me escribiría un mensaje de texto para que declarara la palabra *ahora* para el nacimiento de su hijo. ¡Sin embargo, ni siquiera tuvo tiempo de escribirme el mensaje porque todo sucedió muy rápido!

Dominique había estado teniendo algunos calambres durante el día, pero no pensaba que fueran calambres de parto. Continuó trabajando para ayudar a coordinar un equipo de Iris que iría a Filipinas después de las inundaciones. (Dominique dirige nuestra base Iris en Filipinas.) Tarde en la noche los calambres no habían cesado, así que Dominique y su esposo Aarón decidieron ir al hospital. En el hospital le dijeron que el cuello del útero estaba cerrado y que faltaban otras dos semanas, de modo que regresaron a casa.

Cuando Dominique llegó a casa, le dijo a Jesús que si ese era el día en que debía nacer el bebé, ella lo aceptaba, aunque naciera dos semanas antes. Momentos después de decir aquellas palabras rompió la fuente. El dolor se incrementó exponencialmente, así que despertó a Aarón. Llamó a la partera, a pesar de que no habían tenido tiempo para planificar el nacimiento. Enseguida que llegó, todos se subieron al carro y se dirigieron al hospital.

A los quince minutos de viaje Dominique rompió el silencio y gritó desde el asiento trasero del carro que el bebé estaba llegando. La partera le dijo que no pujara todavía. En medio de una contracción Dominique respondió que no estaba pujando, ¡pero que la cabeza del bebé había salido! La partera la miró impactada. ¡Para ese entonces Aarón estaba manejando muy rápido! La partera le dijo que debía estacionarse para que Dominique pudiera pujar. ¡Ni siquiera había terminado la oración cuando el bebé salió completamente! La partera cogió al bebé y se sentó aliviada. Dominique se reía con su bebé. Le dijeron a Aarón que siguiera manejando. El bebé estaba perfectamente. Respiraba bien y estaba saludable. Aarón empezó a llorar, a reírse y a temblar. No podía recordar dónde estaba el hospital. Demoraron veinte minutos más en llegar al hospital. ¡Dominique había tenido a su bebé luego de una hora de haber roto la fuente!

Un mes antes cuando una amiga, Mary-Ann, oró por Dominique, había tenido una visión de ángeles que atendían el nacimiento del bebé en forma de parteras y se divertían mucho. ¡Dominique y Aarón no tenían idea de lo que aquello realmente significaba! Dominique sintió que el hecho de que su hijo Arie naciera en el carro camino al hospital era una señal profética. A menudo los carros son un símbolo del ministerio. Esto era claramente una señal de aceleración. Al día siguiente, en un basurero en las Filipinas, una chica sorda de un oído, de nacimiento, fue completamente sanada. Dominique y Aarón sintieron que esta sanidad estaba directamente relacionada con la aceleración que verían en el reino de lo milagroso en su ministerio.

Ambos nacimientos son una poderosa señal profética para el pueblo de Dios. La transición ha llegado y es hora de que los bebés de las promesas de Dios nazcan en nuestras vidas. Es tiempo de llevar el más precioso de los frutos. Un nacimiento natural es a menudo largo y doloroso, pero Dios está listo y ansioso por llevar a cabo milagros de rapidez sobrenatural en favor de sus hijos. En este mismo día está más ansioso que nosotros mismos por vernos a todos unirnos en la plenitud de nuestros destinos. Él anhela que crezcamos hasta llegar a la plenitud de su hijo Jesucristo.

¡Es tiempo de ir de uno hasta diez *ahora!*

Acepte su misión

Cuando Rolland y yo reflexionamos en los años pasados, está claro que nunca anticipamos cuán alto sería el costo de nuestro llamado. Igualmente, creo que María no se imaginó el gran dolor que tendría que atravesar, incluyendo ver a su Hijo crucificado.

Pero tampoco anticipamos el gozo incesante. Hemos sido testigos de fruto increíblemente abundante, tanto en nuestras vidas como en las vidas de aquellos que caminan junto a nosotros en este hermoso movimiento que ha florecido mucho más allá de nuestros sueños.

Continuamente escuchamos historias de personas que el Señor ha tocado tanto que se han sentido obligadas a rendir toda su vida a cambio. Unos vienen a trabajar en alguna de nuestras bases de Iris Global alrededor del mundo. Otros comienzan sus propios proyectos y organizaciones. Nos gozamos con todos ellos. Es un gran privilegio para nosotros ver a tantos decir sí al gozo y al costo de la vida en el lugar secreto. Más que nada queremos ver una multiplicación de su amor manifestado en el mundo.

Recientemente Rolland y yo recibimos a alrededor de doscientos de los líderes principales de Iris de todo el mundo. Estos encuentros del Global Team (Equipo Global) tuvieron lugar en el mismo sitio donde estamos construyendo una universidad para entrenar líderes mozambiqueños que transformen su nación. Esta propiedad tiene que ver con un viaje que ha durado nueve años y medio. El Señor me habló acerca de construir una universidad un día mientras estaba buceando. ¡Me sorprendí tanto que tragué agua por la garganta! Más tarde el Señor me habló de cuando me sanó de dislexia severa cuando tenía dieciséis años y era una cristiana bebé. Mis profesores de colegio me dijeron que nunca llegaría a la universidad y que simplemente debía buscar una formación vocacional, pero Dios me llamó a completar mis estudios universitarios. Muchas veces quise dejar los estudios para ir a África; pensaba todo el tiempo en mi llamado y en los perdidos. En todas las ocasiones el Señor me decía que continuara mis estudios y yo obedecí.

Cuando tenía veinte años, mientras estaba sirviendo como misionera en Asia, escuché al Señor decirme claramente que cuando tuviera veinticinco años tendría mi título de maestría. Rolland me recordó esta promesa de parte del Señor y me preguntó si simplemente pensaba que el título me iba a llegar por correo. Me di cuenta de que tenía que hacer los trámites para aplicar y estudiar para obtener mi siguiente título. Eso significaba dejar Hong Kong y todas las personas que amaba para continuar los estudios.

Algunos años después, mientras estaba sirviendo en Hong Kong otra vez, me enfermé seriamente con un trastorno del sistema inmunológico y no podía leer ni concentrarme. Mientras estaba orando en aquella grave condición, ¡el Señor me dijo que era el momento de ir y obtener mi doctorado! Una vez más quedé impactada. ¿Cómo podía obtener un doctorado teniendo la salud tan deteriorada? ¿Cómo podía irme de Asia donde había tanto fruto? Sabía que al final simplemente obedecería. Me sentí llamada a ir a King's College en la Universidad de Londres y estudiar teología sistemática. Cuatro años después defendí mi tesis ante un evaluador externo, el reverendo y Dr. Martin Percy de Oxford, y me gradué.

El punto es que si no hubiera obedecido al Señor cuando tenía dieciséis años, no podría haber recibido mi siguiente promesa. Ahora, mientras construimos la universidad, claramente veo por qué Dios me guió a obtener mi doctorado. A veces no entendemos la dirección en que nos lleva, pero siempre podemos confiar en Dios pues Él permanece fiel. ¡Qué fruto tan increíble nos espera al otro lado de la obediencia!

Durante nuestras reuniones con el Global Team fue un gozo y un privilegio escuchar los testimonios de amantes rendidos en todo el mundo que adoran a Papá Dios con todo el corazón y entregan sus vidas para ofrecer a Jesús la recompensa de su sufrimiento, su novia perdida en el mundo. Continuamente se dan a sí mismos, como lo hacemos nosotros, para extender el Reino de Dios e invitar a las personas a entrar en esta gloriosa vida de amor. Han visto a Dios hacer nacer muchas promesas milagrosas en sus vidas y todavía están esperando, trabajando y creyendo en muchas promesas que todavía no han visto.

Así como Rolland y yo sabemos que, junto con nuestro equipo, Dios nos ha dado la nación de Mozambique, nuestros queridos amigos Brian y Pamela Jourden saben que el Señor tiene un gran avivamiento para Zimbabue y para toda África. Sobre sus vidas se han liberado muchas palabras proféticas y los milagros financieros hacen crecer su ministerio. Cuando comenzaron Generation Won/Iris Zimbabue en el 2008, Zimbabue había pasado de ser una de las naciones más prósperas de África, llamada la "cesta de pan de África", a ser la nación más pobre del mundo.

Dios les dijo que Zimbabue, que significa casas de piedra, era como la piedra que los constructores habían rechazado, Jesús, pero que sería una piedra angular como nación, así como Jesús es la principal piedra angular y una casa de oración para todas las naciones. Tienen más de veinte iglesias en tres tribus y han visto sanarse milagrosamente a pacientes con SIDA y con cáncer mientras ellos predicaban el evangelio. Dios también está abriendo puertas con los líderes nacionales.

Aunque ya han visto cosas poderosas, los Jourden también batallan contra el clima hostil de su nación. El gobierno desconfía mucho de los extranjeros que trabajan entre los pobres, lo que provoca situaciones peligrosas en su ministerio. Ellos y sus líderes locales han recibido amenazas y los han llevado a interrogatorios con la policía. En una decisión dolorosa pero guiada por Dios, los Jourden recientemente salieron de Zimbabue por la seguridad de todas las personas involucradas en el ministerio.

Mientras Brian conversaba con nosotros en los encuentros del Global Team, nuestros corazones se quebrantaron junto con el suyo al escuchar de los fieles pastores que continúan rindiendo sus vidas por el evangelio. La decisión de dejar Zimbabue fue difícil pero necesaria en este momento, sin embargo, en medio de todo esto, confían con todo su corazón en que regresarán y verán la victoria poderosa del Señor. En esta temporada que han tenido que dejar sus promesas proféticas de vuelta a los pies de Jesús, lo han visto hacer nacer otras dimensiones a sus promesas en otras naciones. Están viendo un avivamiento transnacional en el futuro. La palabra que escuchan es que Dios puede usar su decepción para provocar una aceleración. Dios puede usar incluso los fracasos para dar lugar a los más grandes triunfos y puede catapultarnos a un destino incluso mayor.

Estamos muy orgullosos de ellos y oramos junto con ellos por Zimbabue. A veces, como Abraham, tenemos que entregar nuestros sueños y ver lo que Dios hará. Nuestros hermanos del Congo han sufrido en maneras inimaginables. Incluso su viaje a Cabo Delgado, donde tuvo lugar el encuentro, demoró diez días debido a todos los pasos cerrados en las carreteras, les negaron la entrada en la frontera, los entrevistaron durante horas, los amenazaron con armas y les confiscaron los pasaportes. Pero continuaron con el viaje pues sabían que Dios quería que vinieran.

En el encuentro también escuchamos acerca del pastor Euclide Mugisho. Él y su esposa han sufrido tres abortos. Su cuarto bebé nació prematuramente y luego murió trágicamente junto con otros cinco bebés cuando la incubadora del hospital se sobrecalentó. La esposa tienen ahora siete meses de embarazo y, mientras orábamos en fe con nuestros niños, todos declaramos que este bebé llegaría a término.

Fue muy especial estar con nuestra familia Iris, escuchar las cosas asombrosas que Dios está haciendo y animarnos unos a otros. En los momentos difíciles nos necesitamos los unos a los otros mucho más y juntos creemos que veremos todas las promesas cumplirse.

Cuando le pedí al Señor que me diera un mensaje para compartir con la familia Iris, me guió a los Filipenses. La oración de Pablo por el Cuerpo de Cristo fue "que el amor de ustedes abunde cada vez más en conocimiento y en buen juicio, para que disciernan lo que es mejor, y sean puros e irreprochables para el día de Cristo, llenos del fruto de justicia que se produce por medio de Jesucristo, para gloria y alabanza de Dios" (Filipenses 1:9-11).

¿Cómo discernimos lo que es mejor? Dios nos lo dice en el lugar secreto. Amado, Jesús nunca lo cansará. Él nunca nos agota. Anhela que ardamos continuamente con una pasión encendida y un amor por Él y por los perdidos. Si usted se siente cansado y agotado, corra al lugar secreto. Incluso si se siente gozoso y listo para enfrentar lo que venga, no olvide morar en el lugar secreto y recibir los planes de Papito Dios para cada día.

Dios me dio también un cuadro profético. Vi un pollo y un águila. El pollo estaba corriendo alrededor de los círculos en el piso. Revoloteaba y revoloteaba y corría en círculos, pero un pollo simplemente no puede volar. Lo más extraño de los pollos es que incluso si les cortan la cabeza, no saben que están muertos. Continúan revoloteando y corriendo en círculos. A veces podemos asfixiarnos tanto con las necesidades alrededor de nosotros que ni siquiera notamos que estamos muertos y que hemos sido separados de nuestra cabeza, Jesucristo.

En el cuadro profético también vi un águila. ¡El águila se remonta a las alturas! Casi no necesita agitar las alas porque el viento la eleva y ve las cosas desde una perspectiva celestial. Nuestro servicio a Dios tiene que ser de esta misma manera. Como afirma Isaías 40:31: "los que confían en el Señor renovarán sus fuerzas; volarán como las águilas: correrán y no se fatigarán, caminarán y no se cansarán".

Oro para que cada uno de ustedes sea como el águila. Anhelo que se conecten con Jesús para que nunca se agoten y desistan. También quiero que sepa que Jesús no está tan interesado en lo que usted puede hacer como lo está en la manera en que lo hace. ¿Proclama su amor, su misericordia y su bondad? ¿Ven las personas a Jesús cuando lo miran y trabajan con usted? Lo estoy animando y estoy orando para que usted sea más como Él cada día. Esta es mi oración para usted:

¡Espíritu Santo, ven sobre tus hijos e hijas! Llévalos a las profundidades del río de tu amor.

Pon tus promesas dentro de ellos. Dales tus ojos para que vean y tu corazón para que sientan. Permite que sean tus manos extendidas para amar a los pobres y los quebrantados. Permite que sus pies te sigan a los lugares más oscuros de la tierra sin temor, llevando la luz de tu gloria.

Que lleven a término todas y cada una de tus promesas sobre sus vidas. Que su gozo y fortaleza se sostengan siempre por el ritmo de tu corazón. Que sepan cuándo reposar, cuándo correr y cuándo liberar. Que nunca se rindan. Que nunca tengan miedo de las incomodidades, del dolor o de hacer el ridículo delante de los hombres.

Libera tu gloria sobre la tierra, Padre Dios. Pon valor dentro de tu pueblo. Deja que tu amor se manifieste hoy y todos los días, por el resto de nuestras vidas. Libera tu gloria de modo que cada hija e hijo perdido regrese a casa.

Amén.

EQUÍPATE CON EL
ARMA MÁS PODEROSA

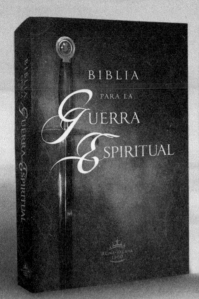

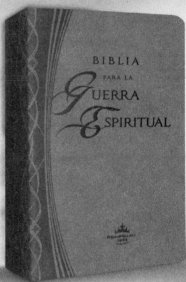

CARACTERÍSTICAS Y BENEFICIOS

- Versión Reina-Valera 1960 (la versión de la Biblia más leída en español).

- Incluye materiales adicionales de estudio, escritos por más de veinte líderes y autores cristianos de renombre.

- Provee información práctica para prepararte y equiparte en la guerra espiritual.

- Contiene herramientas de entrenamiento para la guerra espiritual, tanto para el estudio individual así como para grupos pequeños.

- Incluye referencias y mapas a color.

La **Biblia para la guerra espiritual**, te ayudará a prepararte y equiparte como un guerrero espiritual